KB195748

트럼프 패닉

자 국 우 선 주 의 끝 판 왕 의 귀 환

TRUMP
트럼프패닉
PANIC

유신익 지음

거인의 정원

우리도 달라질 수 있습니다

우리는 미국에서 여러 가지 놀랄 만한 일이 벌어질 때마다 걱정을 많이 합니다. 때로는 언론이나 유튜브에서 전문가의 경고성 언급을 듣고 비관적으로 경제와 금융을 바라보기도 하죠. 특히 최근 자국 우선주의를 내세우며 '관세맨'으로 불리는 도널드 트럼프가 대통령으로 취임하면서 많은 사람이 혼란스러워하고 있습니다.

'트럼프 시대에는 주가가 폭락할까? 우리나라 경제는 어떻게 되는 걸까? 당장 금리나 부동산은 어떻게 되는 걸까?' 많은 우려와 걱정을 토로합니다. 더욱이 과거 '트럼프 1.0' 시절 때 트럼프는 갑자기 트위터로 새로운 정책을 발표하거나, 특정 국가에 대한 공격적인 발언을 하는 식으로 불안감을 조성했던 이력이 있기에 더욱 그렇지요.

한마디로 트럼프 대통령은 예측 불가능한 사람으로 정의되고, 때문에 전 세계 모든 지도자와 금융 투자자가 매우 두려워한다고 정리할 수 있습니다. 어디로 튈지 모를 사람이라는 거죠. 하지만 의외로 트럼프는 예측이 가능한 '뻔한' 사람입니다. 우선 자서전에서 드러낸 것처럼, 트럼프는 과거 리처드 닉슨 전 대통령의 정책을 그대로 답습하고 있습니다. 트럼프는 달러와 금의 불태환 정책, 관세 부과 등을 급진적으로 실행한 닉슨을 '미국을 위한 강한 지도자 모델'로 인식하는 듯합니다. 실제로 닉슨 전 대통령은 1950~1960년대에는 많은 국가가 생각하지 못했던 우선주의, 일방적 규약 파기 등을 강력하게 시행했습니다.

'닉슨 쇼크, 닉슨 독트린'처럼 닉슨을 수식하는 단어는 매우 강렬합니다. 이를 답습하고 있는 트럼프 대통령이 매우 공격적인 지도자처럼 보이겠지만 둘 사이에는 차이가 있습니다. 닉슨 전 대통령은 정책을 실행하고 되돌리는 경우가 거의 없었습니다. 한마디로 '한다면 한다!'였습니다. 이에 반해 트럼프는 매우 유연하고, 약간은 빈틈을 보여주기도 합니다. 일례로 정책을 실시한 후 여론이 안 좋아지면 그 정책을 빠르게 뒤바꾸기도 했습니다.

트럼프 1.0 시기 오바마 케어 폐지, 공격적 재정 투입, 중국에게 받은 미국산 대두 구매 약속, 멕시코와 미국 국경의 완벽한 장벽 건설 등 처음에는 반드시 하겠다고 외쳤지만, 실제로 용두사미로 끝난 사건들이 많습니다. 오바마 케어의 완벽한 폐지를 외쳤지만, 국민이 헌법소원을 내면서 반발하자 자신만의 건강보험 정책을 모두 내려놓았습니다. 또한 중국과 무역협정을 하면서 '중국에게 미국산 대두의 다량 구매를 약속받았다'라고 자랑했지만, 실제로 중국은 미국산 대두가 아니라 브라질산 대두를 구매했습니다. 그럼에도 이 뉴스는 흐지부지 잊혔습니다.

정리하자면 처음 구두로 발언할 때의 강경함과 달리 트럼프의 정책은 실제 현실화되는 경우가 많지 않았습니다. 또 미국 우선주의와 강경책에 대한 본인만의 철학은 매우 강건하지만, 실제 미국 내부에서 이 정책에 회의론을 갖고 있는 사람도 많고 트럼프도 이를 신경쓰는 모습을 보여줬습니다. 즉 매우 스마트하고, 강력한 정치 지도자로 인식되지만 사실 알고 보면 소문과 여론에 민감한 사람이라는 겁니다. 때로는 허점도 드러나고 과거 약속도 잘 잊어 기대했던 리더십을 충족시키지 못하는 경우도 많았습니다.

물론 그럼에도 트럼프는 요즘의 리더들 중에서는 남다릅니다. 트럼프는 2017년부터 전 세계에 처음으로 자국 우선주의, 명분보다 실리를 우선하는 외교라는 그전의 정서를 뒤엎는 철학을 세상에 내놓았습니다. 그만큼 현재 세계적 정서와 철학을 압도할 정도의 영향력을 가진 것은 분명합니다. 그리고 본인이 약속한 관세 정책을 시행할 경우 글로벌 경제에 대공황 같은 침체와 불안을 일으킬 수도 있습니다. 우리가 반드시, 그리고 충분히 트럼프를 대비해야 하는 이유입니다.

중요한 것은 트럼프 대통령이 외치는 경고성 말에만 집중하지 않는 것입니다. 트럼프가 저런 발언을 하는 목적이 무엇인지, 미국의 법 제도상 트럼프의 정책이 현실화될 가능성이 큰지, 트럼프 2.0 시기에는 과연 위기만 있고 기회는 없는지 등에 대해 더 심각하게 고민해야 합니다. 금융시장은 때로는 '트럼프 발작'을 일으키고, 트럼프의 정책 때문에 많은 국가의 정책들이 뒤바뀌고, 이로 인해 혼란을 겪을 수 있습니다. 하지만 그의 숨은 의도와 실질적으로 가능한 시나리오를 차분히 정리한다면 충분히 대응할 수 있습니다.

우리는 미국이 전 세계를 지배하는 시대에 살고 있고, 미국과의 관계는 항상 중요한 이슈입니다. 어찌 보면 피할 수 없는 숙명입니다. 그래서인지 트럼프의 대통령 당선 이후 거의 매일 반복해서 자극적인 뉴스가 쏟아졌습니다. 하지만 우리에게 도움이 되지 않는 뉴스가 대부분이라는 게 제 생각입니다. 어떠한 이슈가 생겼을 때 재빨리 공부하고 생각을 정리해 미래를 대비하는 것은 매우 중요합니다. 하지만 자극적이고 공포를 조장하는 뉴스만이 만들어지고, 이로 인해 걱정과 불안에 빠져 있는 건 이제 그만할 때가 되었다고 생각합니다. 즉 어차피 우리가 미국의 이슈로부터 자유로울 수 없다면, 되도록 정확한 정보를 공부하는 것이 우리의 삶에 도움이 된다고 생각합니다. 누군가 말했듯 '알고 당하는 것과 모르고 당하는 것은 천지차이다'입니다. 이제 우리도 소모성 뉴스를 생산하는 것을 넘어 미국 그리고 그들의 정책 철학, 그들의 두려움, 그들이 놓지 않으려는 것들에 대해 정확하게 이해해야 할 시기라고 생각합니다.

이것이 제가 이 책을 쓴 이유입니다. 트럼프 2.0 시기를 맞이하는 지금, 저는 이 책을 통해서 '과거 트럼프의 행적과 성과물, 약속 준수 여부, 트럼프가 이번 행정부에서 이루려는 것들, 우리가 전략적으로 고려할 만한 시나리오들' 등에 대해 많은 분과 공유하려 합니다. 이 책이 트럼프 대통령의 모든 것, 미국의 모든 것을 다 설명할 수는 없을 겁니다. 다만 제가 그동안 공부하고 연구한 내용이 우리의 지식과 생각의 차원을 확장하는 데 조금이나마 도움이 되었으면 하는 바람입니다. 더 많은 전문가와 이러한 사전적 지식과 전략적 시나리오를 충분히 공유할 수 있기를 바랍니다. 이러한 노력 하나하나가 모여서 우리 국민 모두 각자의 자리에서 미국의 행동에 당황하지 않고, 지적이고 이성적으로 대처해 나갈 수 있기를 간절히 바랍니다.

1장   트럼프의 귀환

2장   트럼프 2.0 시대의 미국

3장   실패로 돌아갈 미국 제조업 부흥

4장 트럼프 시대, 연준의 통화 정책

5장 닉슨 따라쟁이 트럼프의 예견된 금융 정책

6장 트럼프 시대의 지정학

7장   트럼프가 일본에게 취할 전략

8장   트럼프식 관세가 불러올 경제 쇼크

9장   트럼프 시대, 한국이 가야 할 길

TRUMP

1장

PANIC

트럼프의 귀환

강력한 자국 우선주의를 추구하는 트럼프가 돌아왔다. 트럼프는 대통령이 되기 전 후보자 시절부터 이민자 추방과 무차별적인 관세 부과 등 강력한 정책을 시행할 것을 예고했고, 실제로 당선 이후 이러한 움직임은 빠르게 가시화되고 있는 상황이다. 이번 장에서는 '관세맨' 트럼프를 이해하기 위한 핵심적인 키워드들과 함께 트럼프 2.0 시대를 세계의 관점에서 총체적으로 살펴보고자 한다.

트럼프가
불러올 변화

01

2024년 11월 6일 트럼프가 재선에 성공했습니다. '트럼프 2.0' 시대에 돌입한 것이죠. 과거 트럼프는 2016년 처음 대통령으로 당선되자 미국의 자유주의, 리더십 기반의 대의적 외교, 합리적 세계 무역 체제를 붕괴시켰습니다. 당시 트럼프는 취임 첫 주 환태평양경제동반자협정TPP에서 탈퇴하고 이후 중국과 무역전쟁을 벌였습니다. 그리고 다른 국가들과도 기존의 자유무역협정FTA을 재협상하여 매우 제한적인 무역 규칙을 전 세계에 '규준New Normal'이 되도록 만들었습니다.

그렇다면 4년 만에 돌아온 트럼프는 앞으로 어떤 행보를 보여줄까요? 트럼프를 대변하는 세 가지 키워드는 이민자 추방, 무역 관세, 다른 나라의 땅 빼앗기, 연방준비제도Fed(연준)의 독립성 약화입니다. 먼저 트럼프는 1.0 때처럼 여전히 '최대 규모의 불법 이민자 추방 작전을 수행하겠다'라고 주장합니다. 그리고 미국과 멕시코 사이 국경을 따라 다시 장벽을 재건하고, 비자 신청자들에 대한 심사를 강화하는 정책을 수립하겠다고 말하고 있습니다.

참고로 1900년부터 1950년까지 합동 이민 프로그램을 통해 수백만 명의 멕시코인들이 합법적으로 미국에 입국했습니다. 하지만 트럼프는 대부분의 멕시코인을 불법 거주자로 정의하며, 멕시코인을 포함한 불법 이민자가 1,500만~2,000만 명에 달한다고 주장합니다. 1956년 아이젠하워 행정부 시절, 미국은 군사식 전술을 활용한 '웻백Wetback(멕시코계 이민자를 비하하는 단어) 작전'을 통해 약 130만 명의 이민자를 추방한 적이 있는데, 트럼프는 대선 과정에서 이 사례를 들며 지역 법 집행기관, 국가 방위군, 상비군을 동원하고 현재 해외에 주둔 중인 수천 명의 병력을 미국과 멕시코 사이의 국경으로 이동시키겠다고 언급했습니다. 또한 1807년 제정된 대통령이 연방군을 동원할 수 있도록 허용하는 반란법Insurrection Act of 1807을 발동하여 불법 이민자들을 체포할 계획이라고 밝혔습니다. 또 불법 이민자, 마약 조직, 범죄 조직으로 의심되는 구성원에 대해 모든 부문에서의 이민 신청을 행정적으로 거부하는 법안을 제정할 계획이라고 밝혔습니다.

무역에 관해서도 여전합니다. 트럼프는 스스로를 '관세맨'이라고 칭하면서, 취임 전부터 모든 국가의 수입품에 10% 관세를 부과하고(보편적 관세), 중국에 대해서는 60% 관세를 부과할 것을 언급했습니다. 특히 트럼프는 60~70년 전 아이젠하워 행정부에서 이룬 많은 무역 관련 협의 사항들을 파기했으며, 중국에 부여한 교역국에게 관세와 장벽을 제공하는 영구적정상무역관계PNTR 지위도 철회할 것을 예고했습니다.

참고로 트럼프 1기 행정부 시절 미국 무역대표부 대표를 역임했던 로버트 라이트하이저는 트럼프의 관세 부과 방식은 기존 관세에 추가로 부과되는 식이 될 것이라고 언급했습니다. 예를 들어 현재 3% 관세가 부과되는 수입 제품이 경우, 보편적 관세가 적용되면 세율이 13%가 되는 것입니다. 트럼프 행정부는 1977년 제정된 국제비상경제권한법IEEPA, 1930년 관세법 338조, 또는 1917년 제정된 무역법TWEA을 근거로 관세를 부과할 것으로 예측되는데, 상·하원 모두에서 공화당이 다수당이 된 '레드 웨이브' 상황에서의 지지를 바탕으로 관세율에 대한 새로운 법이 수립될 수도 있습니다.

트럼프는 선거 캠페인에서 무역 상대국이 '통화를 조작하거나 불공정한 거래 관행에 관여'하는 경우 보편적 관세가 '점진적으로 증가'할 것이라고 했습니다. 특히 통화 가치의 평가절하와 국내 산업에 대한 보조금 지급에 대해서는 '사기 및 남용'라고 했습니다. 트럼프는 새로운 행정부의 무역대표부 대표로 미국의 무역 관세에 많은 아이디어를 냈던 제이미슨 그리어를 지명함으로써 앞으로 모든 무역국을 대상으로 상당히 비우호적인 정책을 실시할 것임을 예고했습니다. 전 세계가 트럼프를 두려워하는 이유 중 하나이지요.

또한 트럼프는 1.0 대통령 시절, 연준 의장 제롬 파월을 정치적으로 더 유연한 사람으로 교체하고, 연준이 미국 경제에 도움이 되도록 구조를 변경하겠다고 언급했습니다. 트럼프는 지난 1.0 때도 기준금리를 결정하는 FOMC(미국 연방공개시장위원회)의 기능을 백악관에 맡기고, 기준금리 결정에 대해 공식적 또는 비공식적으로 대통령과 협의하길 요구한 바 있습니다. 또한 트럼프는 대통령을 FOMC의 직권상 이사로 만들기를 원하고, 대통령에게 권한이 집중되어야 한다는 '단일 행정부 이론Unitary Executive Theory(통일 행정 이론)'을 근거로 연준을 독립기관으로 간주하는 것을 위헌으로 해석, 판결하려는 의도를 보이고 있습니다. 현실적으로 연준이 연방정부의 행정부에 귀속되는 일은 최악의 상황에서만 발생할 수 있는 시나리오입니다. 보다 현실적으로는 재정 지출로 인해 인플레이션이 높아질 위험에도 불구하고 트럼프는 중립금리Neutral Interest Rate가 상승한 것을 근거로 기준금리를 인하하도록 연준을 강하게 압박할 가능성이 큽니다. 중립금리는 인플레이션이나 디플레이션 압력 없이 경제가 회복할 수 있는 이론적인 금리를 말합니다.

이런 내용들로만 보면 트럼프 시대를 걱정하는 게 당연하게 생각되기도 합니다. 다만 '세상에는 영원한 악인도 없고, 영원한 선인도 없다'라는 말이 있지요. 트럼프 2.0 시기 미국의 강경책이 많은 국가에게 상당한 부담일 수는 있습니다. 하지만 트럼프는 무엇보다 미국인과 미국을 우선하는 경향이 강하기 때문에 집권 초기에는 '감세, 일자리 창출, 탈규제' 등을 우선적으로 시행할 가능성이 큽니다. 또한 우크라이나-러시아 전쟁, 이스라엘-하마스·이란 분쟁 등을 종식시키는 데 상당한 힘을 발휘할 수도 있습니다. 즉 트럼프 집권 초기는 미국을 필두로 전 세계 금융, 경제, 사회에 좋은 현상이 나타날 수 있다는 것이지요. 다만 후기로 가면서부터는 '관세, 반이민, 미국 우선주의'라는 기조가 부정적으로 작동하면서 전 세계를 힘들게 할 가능성도 충분히 존재합니다.

이에 이 책에서는 다른 서적과 연구 보고서 등에서 다루지 않은 트럼프 1.0 시대의 정책과 영향을 복기하고 앞으로 트럼프가 하려는 정책의 방향을 예측하려 합니다. 또 현재 미국의 법률과 행정부 시스템에서 트럼프가 실질적으로 실행할 수 있는 정책의 범위를 세밀하게 다뤄 보려 합니다. 그리고 이러한 논의를 통해 향후 우리가 4년 이상의 기간 동안 가져가야 할 '경제 계획, 경제 철학, 투자 철학'에 대해서도 생각해 보려 합니다.

미·중이
불러올
인플레이션

트럼프는 2024년 11월 대선 이전부터 중국에 대한 PNTR, 즉 영구정 상무역관계 지위를 철회할 계획을 발표했습니다. 그리고 하원 특별 위원회의 연례 보고서에도 다음과 같은 내용이 언급된 바 있습니다.

"미국과 중국 간의 전략적 경쟁 구도에 있어서 의회가 중국이 WTO 의무를 이행하지 못했다고 판단할 경우, 중국의 PNTR 지위를 철회하겠다."

PNTR을 폐지한다는 것은 영구정상무역관계인 국가보다 원칙적 으로 훨씬 더 높은 관세율을 적용할 수 있다는 것을 의미합니다. 만 일 미국 의회가 중국의 PNTR 지위를 폐지하면 대중국 수입품의 평균 적인 관세율은 스무트-홀리 관세법과 유사한 수준으로 높아질 수 있습니다. 스무트-홀리 관세법은 1930년 보호무역주의에 기반해 미국이 제정한 관세법으로 2만 개가 넘는 수입 물품에 대한 관세를 지정했는데, 평균 관세율은 1929년 40.1%에서 1932년 59.1%까지 기록했습니다. 이로 인해 세계적으로 무역량이 급감했고, 대공황을 발생시킨 요인 중 하나였습니다.

정리하면 트럼프 행정부가 대중국 관세를 높이지 않고도 PNTR만 폐지하면, 대중국 수입품의 기본 관세율이 40~60% 수준까지 급상승할 수 있다는 것입니다. 만일 실제로 우선적으로 중국의 PNTR 지위를 폐지하면 어떤 일이 발생할까요? 피터슨경제연구소의 추정치를 참고하면 미국이 중국에 현 수준보다 범용적으로 높은 관세를 부과하면, 소비재와 중간재 가격이 상승하여 2025년 미국 인플레이션은 0.2%p 상승할 것으로 추정됩니다. 또한 중국이 보복관세Retaliatory Duties를 부과하는 경우에는 0.4%p 상승할 것으로 분석됩니다.

물론 미국이 중국의 PNTR 지위를 철회하면 안전자산에 대한 선호가 높아져 달러 가치는 완만하게 상승할 가능성이 큽니다. 달러 가치의 상승은 미국이 타 국가에서 수입하는 상품의 가격을 낮춰, 관세 인상에 따른 수입품 가격 상승분을 일부 상쇄할 수 있습니다. 미국의 중국에 대한 관세 부과는 중국의 전반적인 수출 감소를 초래하며, 미국 이외의 여타 국가에서의 수요도 감소시킬 수 있습니다. 이로 인해 단기적으로는 위안화 대비 미국 달러의 가치가 상승할 수 있습니다. 이 경우 중국이 취할 수 있는 미국에 대한 보복은 다음과 같습니다.

우선 미국이 중국 시장에 아예 접근하지 못하게 제한하는 것입니다. 이른바 수출 제한으로 중국은 관세에 따른 수출 감소와 달러화 상승에 따른 위안화 절하가 동시에 나타날 수 있습니다. 이 경우 중국 정부 입장에서는 위안화 가치를 지켜내기 위해 금리를 인상하거나, 유동성을 축소하는 방식 외에는 구체적인 환율 방어책은 존재하지 않습니다.

특히 중국 PNTR 폐지로 인해 관세가 상승하고 중국의 대미 수출이 감소하는 경우, 생산시설들은 상대적으로 관세 피해가 적은 캐나다와 멕시코와 같은 북미 지역으로 이동할 수 있습니다. 이 경우 미국과 중국의 GDP 감소가 동시에 발생하는데, 이는 미·중의 고용도 감소한다는 걸 의미합니다. 특히 두 국가가 대립하면서 서로 보복적으로 관세 정책을 시행한다면 미국의 주요 산업들도 약세를 보일 수 있습니다. 미국 내부에서의 동일 산업 수요 감소와 달러 강세에 따른 악영향이지요.

중국과 미국의 보복관세는 중·장기적으로 미국의 주요 산업 생산량을 축소시킬 것으로 보입니다. 예를 들어 피터슨경제연구소의 추정치를 참고하면 농업(-1.4%), 내구재 제조업(-1.2%), 광업(-1.1%) 순으로 위축되고, 특히 농업은 달러 가치 상승으로 악영향을 받을 것으로 분석됩니다. 내구재와 광업은 투자와 생산이 함께 감소합니다. 제조업은 중간 투입 원자재의 감소로 인해 생산 위축이 불가피할 것입니다. 만일 여기에 중국의 보복관세나 수출 제한 등이 발생하면 농업과 내구재 제조업의 생산 위축은 두 배 이상 증가할 것으로 추정됩니다. 이는 농업이나 내구재 제조업 모두 교역에 대한 노출도가 크고, 양국의 투자 감소에 민감한 영향을 받기 때문입니다.

그럼 미·중 무역전쟁이 가속화되면 미국의 고용시장은 어떻게 변모해 나갈까요? 중기 이상의 시간, 대략 2년 이후부터는 각 산업의 생산량 감소로 인해 일자리 수는 줄어들 가능성이 큽니다. 결국 일부 산업, 특히 제조업에서 실업이 발생할 가능성이 큽니다. 이는 미국

■ 미국이 모든 수입품에 관세 10%를 적용할 때 영향

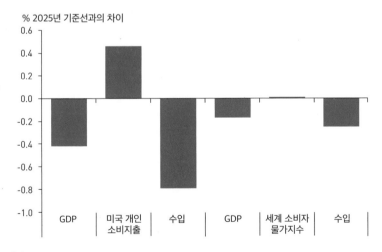

출처: Oxford Economics

경제 전반의 실질임금 하락과 오프라인 소매 판매 감소를 유발할 수 있습니다.

정리하면 미국이 범용적으로 관세율을 부과하고, 중국의 PNTR 폐지와 미·중 보복관세가 진행될 경우 미국의 수입이 줄어들고 성장률도 하락하는 시나리오를 예측할 수 있습니다. 물가도 상승하게 되겠지요. 즉 산업 내 스태그플레이션이 일어날 수 있습니다. 다만 관세가 미치는 이러한 영향은 정책이 실행된 이후 시차(약 2년)를 두고 반영될 것입니다.

주식시장에
미칠
악영향

중국에 대한 미국의 관세 정책과 중국의 보복은 시장에 어떤 영향을 미칠까요? 주식시장에 가장 큰 악영향을 미칠 것으로 판단됩니다. 트럼프 1.0 시기에 상호 보복과 무역전쟁은 미국 산업의 전반적인 위축과 기업 이익 감소로 이어진다는 것을 경험한 바 있습니다. 그래서 두 국가 간의 무역전쟁은 위험을 회피하려는 금융시장의 심리를 강화시키고, 달러를 강세로 전환시키는 (시장금리 상승과는 별개) 경향이 있습니다. 특히 어떤 국가든지 저축 대비 투자가 감소하면 기업에 대한 직접적인 자본 및 유가증권 투자는 유출될 가능성이 큽니다. 이는 미국과 중국 모두 위험자산에 대한 금융자본이 회수되어 안전자산으로 이동할 가능성이 크다는 것을 시사합니다. 이로 인해 미국의 AI 기업 주가도 흔들릴 가능성도 존재합니다.

그리고 미·중 관세전쟁이 가속화되면 중국의 중간재 수출이 감소하는 한편, 베트남, 멕시코와 같은 제3국의 자본재 수출이 증가할 수 있습니다. 이러한 국가들의 자본재 생산품은 미국 시장 내에서 부족한 원자재 부품 등으로 사용될 가능성이 큽니다. 하지만 트럼프 행정부에서 이어질 '원산지 국가 기준의 수입 규제'의 경우를 적용하면 중국의 기초 투입재를 기반으로 만들어진 제3국의 '자본재'는 모두 수출이 금지되는 일이 발생할 가능성도 상존합니다.

예상컨대 간접수출이 가능한 산업의 경우 트럼프 대통령 및 공화당 주요 위원들은 원산지 규정을 강화하여 해당 제품이 미국으로 진입하는 것을 억제하여, 미국 시장에 대한 접근을 더욱 제한할 가능성이 있습니다. 한마디로 말해 향후 미국이 중국에 대해 PNTR을 철회할 경우, 중국과 관련된 직·간접적인 모든 무역은 규제되거나 차단될 가능성이 존재합니다.

중국의 헛된
경제 욕망

여전히 '강한 2등'으로 미국을 추격하는 중국은 전 세계 교역에서의 비중이 1997년 2% 수준에 불과했지만, 2022년에는 12%까지 증가했습니다. 트럼프 정부의 맹공격 속에서 중국은 어떤 전략을 취할까요? 우선 중국의 현 상황과 시진핑 정부의 스탠스를 확인해야 합니다.

현재 제한된 성장 환경 속에서 중국이 실시하는 경제 정책 방향의 주요 목적은 시진핑 정부의 컨트롤 능력 강화로 추정됩니다. 2024년 7월에는 중국 중앙인민정부 20기 중앙위원회 제3차 전체 회의를 통해, '중국의 현대화를 겨냥한 개혁에 대한 중국 공산당 중앙위원회 결의안中共中央关于进一步全面深化改革 推进中国式现代化的决定'이 발표되었는데요. 내수 소비의 중요성을 강조하되 소비를 확대할 산업으로 전기자동차

1장 트럼프의 귀환

27

EV, 가전 및 컴퓨터 관련 제품을 강조했습니다. 반면 전통 제조업에 대한 부흥(건설, 인프라 등)에 대해서는 특별히 강조하지 않고, 전통 성장 산업의 육성 의지가 없음을 피력하였습니다.

구체적으로 이 결의안은 총 60개 장으로 구성되어 있으며, '도시·농촌 개발, 인민민주주의, 중국의 사회주의 법치, 중국의 국가 안보 체계 및 역량, 국방 및 군사 개혁, 당의 지도력 개선' 등 전통적인 경제 정책 이외에도 안보 및 사회적 체제 등을 총망라합니다.

이 결의안은 신성장 산업에 대한 투자를 강조하는데, 기존의 부동산 집중 투자에서 벗어나 새로운 산업으로의 전환을 추진하려는 의도가 담겨 있습니다. 즉 내수가 주택 투자 기반에 집중되지 않고, 새로운 산업인 기술, 신에너지, 기후 관련 제조업, 상업용 우주 비행, 양자 기술 및 생명과학에 기반하는 성장 구조로 변모시키겠다는 취지입니다.

이외에도 '국민에 대한 영구 거주지 호적 등록과 호적에 따른 공공서비스 제공, 도시화 전략을 위한 5개년 계획, 도시 이주자들에 대한 사회보험, 주택 지원, 자녀의 의무 교육' 등에 대해서도 발표했습니다. 이는 도시화 촉진이 가계의 소비를 촉진하며, 소비 증대가 현재의 '투자 중심 경제 구조'를 변형시킬 것이라는 정부의 철학에 기인한 것으로 판단됩니다.

여기서 더 나아가, 중국 공산당 중앙위원회 결의안은 '서비스, 케이터링 및 숙박, 가사 서비스, 노인 케어, 문화 및 엔터테인먼트, 관

광, 스포츠, 교육 훈련 등의 소비 확대'의 중요성을 강조합니다. 또한
'디지털, 친환경, 헬스케어 등의 소비 확대' 방안도 함축했습니다.

결의안에 담긴 정책의 방향성을 정리하면 중국 가계의 높은 저축
(과잉 저축)이 기업의 투자(부채)로 흡수되는 것을 지양하고, 질적으로
높은 소비를 촉진하려는 의도가 담겨 있습니다. 소비의 질적 수준 함
양이라는 것은 지속적인 소비 만족도와 소비 확대를 꾀한다는 의미
입니다.

이러한 중국 정부의 방향성에 대해 전 세계 투자자들은 비관적입
니다. 중국은 2023년 기준, GDP 대비 제조업의 비중이 약 26%로 세
계 평균 15.5%에 비해 매우 높은 편입니다. 이미 전통 제조업에 대한
의존도가 매우 높은 상황에서 의존도를 낮추고자 신성장 산업을 육
성하고 전통 산업을 소극적으로 부양한다는 것은 결국 '성장의 약화'
를 의미하기 때문입니다.

저렴한 인건비를 바탕으로 채산성 좋은 제조업에 집중하는 것이
지난 20년간 중국의 성장 패러다임이었습니다. 즉 무역 흑자를 통해
가계 저축을 늘리고, 가계 저축을 기반으로 투자를 확대하며 높은 성
장률을 만들어 온 것입니다. 실제로 중국의 GDP 대비 투자 비중은
40%대로, 이러한 투자는 대부분 부채 조달 방식으로 이뤄졌습니다.
이미 부채에 의존해 성장해 온 기업들 입장에서 정부의 부채 조정 압
박은 매우 큰 방해 요소로 작용합니다.

다시 말해 중국 정부는 부동산 부문의 레버리지를 제한하기 위한 여러 가지 조치를 발표했고, 이는 부동산 개발 기업들에게 매우 치명적으로 작용하고 있습니다. 또한 부동산 구매자들도 정책에 대한 신뢰를 잃어버리고, 소비와 부동산 구매를 꺼리는 모습으로 흘러가고 있습니다.

실제로 중국 정부의 정책 오류로 인해, 최근의 부동산 관련 투자 규모는 2021년 대비 25%가량 감소했습니다. 물론 언젠가는 시행되었어야 하지만, 적절한 중간 과정이 없었던 게 문제였습니다. 2024년 상반기에는 2023년 대비 신규 건설 착공이 23.7% 감소했고, 부동산 투자도 전년 대비 10.1% 감소했습니다. 부동산 관련 투자의 감소는 결국 지방정부의 세입 감소로 이어지고, 지방정부의 지출 여력을 취약하게 만드는 결과를 초래했습니다. 2024년 〈르몽드Le Monde〉의 보도에 따르면, 중국의 공공 토지 매매로 인한 세금은 2020년에 정부 수입의 32%를 차지했으나, 2023년에는 21%, 2024년 초에는 12%에 그친 것으로 나타났습니다.

최근까지 중국의 상황을 보면 수출은 다소 늘었지만 수요가 떨어지면서 수입은 감소했습니다. 즉 내부의 소비 여력이 제한되면서 '불황형 흑자'가 이어지고 있는 상황입니다. 현재의 중국은 그동안의 과도한 부채 의존적 성장 구조로 인한 부동산 세입에 대한 과잉된 의존, 과다한 지방정부 부채, 지방 금융기관 부채, 인구 감소 등의 구조적 문제가 복합적으로 드러나고 있는 상태입니다. 여기에 부채 성장을 제한하면서 중국 내부의 건설 및 부동산 상황은 악화를 거듭하고 있습니다. 이것의 결과물이 주택 경기의 추락, 청년 실업 급증, 도소매 업체의 몰락 등입니다.

그럼에도 여전히 중국 정부는 기업들이 부채를 과다하게 사용하여 건설 및 투자하는 것을 방지하는 부동산 레드라인 정책을 고수하고 있고, 경제 정책과 개혁에 집중하고 있습니다. 이제 중국 정부는 그동안의 성장 구도를 과감히 탈피해서 다른 무엇, 즉 중국 정부가 표명하는 경제 구조 개혁에 더욱 집중할 수밖에 없는 시기입니다. 돌이킬 수 없는 변화의 물결이 시작된 것입니다. 당연히 이러한 개혁은 그동안 친성장과 자본주의화에 익숙해진 중국 국민의 저항을 불러올 수밖에 없습니다. 시진핑 정부가 더욱 강력한 통제력을 행사하려는 것은 이러한 국민적 저항을 통제하면서 구조 개혁을 이루기 위해서인 것으로 보입니다.

중국의 탈성장과 구조 개혁 정책으로 인해 중국 경제는 앞으로도 악화일로일 것으로 보입니다. 일반적으로 경제 이론에서 '균형론'은 다소 학문적이지만, 매우 중요한 요소로 여겨집니다. 예를 들어 '소비 중심의 성장 구조, 투자 중심의 성장 구조, 정부 중심의 성장 구조' 등은 당장의 성장에는 도움이 되지만 사실상 매우 불안정해질 수 있는 위험성을 내포하고 있습니다. 가장 이상적이고 좋은 경제적 구조는 부문별 순환 구조를 갖는 것이지요.

정리하면 2000년대 중반 이후 중국은 이미 성장 모델을 '경상수지 흑자(사실상 인력 수출) → 가계 저축 증대 → 기업 부채 확대와 기업의 투자 증대 → 경제 성장' 등으로 수출(특히 저렴한 중국 노동력)에 의존해 성장해 왔습니다. 이 때문에 중국은 2000년대 초 이후로 '낮은 민간 소비 비중과 과하게 높은 수출 비중'이 지속되었습니다. 이러한 수출과 소비의 불균형이 20년 이상 장기화되면서 이제는 시진핑 방식의 '내수 성장 구도'로 개혁하고자 해도 쉽게 이루기 힘든 것입니다. 오히려 이러한 내수 성장을 위시하는 정책이 당장에는 국민들의 신뢰를 떨어뜨리고, 경제 불확실성으로 인해 소비만 위축시키는 결과를 초래한 것입니다.

결국 중국의 성장 궤적을 역사적으로 되짚어 보면, 우선 노동을 근간으로 한 수출로 외화를 획득하는 것이 성장의 첫 번째 포인트였습니다. 이렇게 수출로 외화를 축적한 이후 대부분의 투자는 부동산 부문에 집중되었고, 이것이 수요자의 확대로까지 이어진 형태였습니다. 가계 역시 마땅한 투자 대안이 부재했기에 부동산에 주로 집중했고, 이는 비정상적으로 높은 부동산 버블을 만들어 낸 것입니다. 어찌 보면 중국 정부가 이러한 성장 구조의 과오를 스스로 인정하고, 구조 개혁을 선언한 것이 성장 동력을 약화시킨 것이죠.

그리고 이러한 '신성장 산업 육성 → 내수 소비의 확대'는 어디까지나 신성장 산업의 수출로 충분한 외화를 벌어들인다는 것을 전제로 합니다. 하지만 미국과 EU가 지적하듯 중국이 과도한 산업 보조금으로 성장을 도모하고, 대외 국가들과 불공정 거래를 유발한 것으로 추정되는 상황에서 쉽지 않아 보입니다.

실제로 2024년 9월 EU의 '드라기 보고서'에는 녹색 성장 패러다임으로의 전환을 강조함과 동시에, 중국의 불공정 무역에 대해 강하게 비판했습니다. 즉 유럽이 직면한 과제인 녹색 성장 체제로의 전환을 도모하는 과정에서 중국을 배제해 나가겠다는 의지를 표명한 것입니다. 구체적으로 EU위원회의 보고서에는 "중국 내 국가 차원의 지원은 녹색기술과 자동차 산업에 위협이 된다. 중국은 EU 수요에 의존하여 산업의 과잉 생산 부분을 소화해 내고 있다"라고 보고하고 있습니다.

EU의 보고서가 발표되기 이전부터 EU위원회에서는 중국의 EV(전기자동차) 생산에 대한 보조금 지급에 대해 조사해 왔습니다. EU위원회는 "중국의 EV 관련 초과 생산의 상당량이 향후 수년 동안 EU 시장으로 계속 유입될 것"이라고 경고한 바 있습니다. 또한 EU위원회는 "중국 정부가 EV 관련 산업에 대해 보조금 지급을 지속할 경우, EU 내에서의 산업 전환까지도 위험해질 수 있다"라고 강경하게 말하기도 했습니다. 피터슨경제연구소는 GDP 대비 보조금 비율은 중국이 약 1.59%, 독일은 0.31%, 프랑스는 0.08%, 미국은 0.12%인 것으로 추정한 바 있습니다.

결국 EU는 불공정한 중국의 EV 산업의 시정을 위해 2024년 7월 5

일 중국산 전기자동차에 27.4~48.1%(수입 차량에 대한 EU 일반 관세 10% 포함)의 관세를 임시로 적용할 것을 발표했습니다. 중국이 정부의 보조금 지급으로 저렴하게 생산하여, 교역국에게 수출을 확대한다는 논리는 트럼프 대통령도 여러 번 지적한 것과 동일합니다.

요약하면 중국은 '신성장 산업의 수출 확대 → 내수에서의 충분한 소비 촉진'을 목표로 하고, 부채 기반의 전통 제조업(부동산)에 대한 성장에서 탈피하려 하지만, 미국과 EU의 중국 관련 산업에 대한 관세 부과는 보조금 지급을 바탕으로 하는 중국의 EV 생산 과잉과 그에 따른 산업의 인위적 성장이 영속 불가능할 것임을 암시합니다.

지금까지 중국은 제조업과 투자를 기반으로 양호한 성장세를 이루어 왔습니다. 중국은 20여 년간의 고성장세를 뒤로 하고, 시진핑 정부의 컨트롤 능력을 강화하면서 산업과 내수의 고도화를 추진하고 있습니다. 하지만 내부에서는 정책의 급진적인 전환에 대한 저항이 매우 큰 상황이고, 외부에서는 불공정 산업 육성(보조금)에 대한 주요 국들의 반발이 매우 강한 상태입니다. 이러한 난관으로 중국 정부의 구조 개혁과 그로 인한 생산 손실, GDP 증가율의 하락은 장기간 이어질 것으로 판단됩니다.

그리고 중국과 주요국(미국, EU)과의 무역 마찰이 강화되면서, 외교적 분쟁도 계속될 것으로 예상됩니다. 이런 분쟁 속에서 중국도 미국에 충분한 보복관세를 부과할 것입니다. 이러한 맞대응은 그나마 '불황형 흑자'를 만들어 주던 중국의 수출을 떨어뜨려 성장률을 4% 초반 대로 하락시킬 수 있습니다. 이처럼 불안한 정세에서 탈출하기 위해 시진핑은 과감하고 지속적인 경기부양 정책을 실시할 것이고, 이것이 결국 중국 경제를 지탱하는 핵심 요소가 될 것으로 예상됩니다.

전 세계가
중국을 버린다

05

중국 상품이 미국의 총수입에서 차지하는 비중은 지속적으로 감소하는 중입니다. 점유율은 트럼프 관세가 시작되었던 2018년 기준 22%에서 2023년 기준 14% 미만으로까지 하락했습니다. 2018년까지 중국은 미국의 가장 큰 무역 파트너였지만, 그 이후 다른 아시아권 국가, EU, 멕시코 등에 추월당하는 역전 현상이 나타났습니다. 다만 중국의 직접적인 대미 수출이 감소하더라도 중국 상품이 베트남, 한국, 멕시코 등의 시장을 통해 미국으로 수출되는 간접적 무역은 증가하는 중입니다.

이처럼 중국의 상품이 미국으로 직접 들어가는 경우는 줄어들고 있는데, EU에서도 비슷한 현상이 나타나고 있습니다. 중국의 EU로의 반도체 및 집적회로 수출이 점차 감소하는 상황입니다. 미국과

36   트럼프 패닉

EU에 대한 중국의 수출 금액이 감소하면서 상대적으로 멕시코, 베트남, 대만, 캐나다, 한국 등은 미국을 상대로 하는 수출이 늘어날 기회가 증가하는 중입니다. 특히 베트남의 경우 전자, 의류, 섬유 부문에서, 멕시코의 경우 자동차 부품, 유리, 철강 부문에서 미국 시장 진출이 확대되고 있습니다.

중국에 대한 전 세계적인 교역 분리는 기업에 대한 직접투자FDI 부문에서도 두드러지게 나타나고 있습니다. 2023년 중국에 대한 직접투자 유입은 330억 달러로 급감했는데, 이는 미국에 대한 직접투자 4,150억 달러의 10분의 1에도 못 미치는 수치입니다. 10년 전만 해도 미국과 중국에 대한 직접투자 유입은 비슷했습니다.

중국과의 교역이 감소하고 중국의 공장들도 이전되면서 전 세계적으로 중국과의 산업·경제적 분리는 가속화하고 있습니다. 실제로 2023년 실시된 설문조사에서는 미국 회사의 약 5분의 1이 중국에서 생산 중인 공장을 이전했거나 이전할 계획이라고 언급한 바 있습니다. 중국에 진출한 영국 기업들 역시 전체 중 15%가 일부를 해외로 이전하는 것을 생각 중이거나, 해외로 완전히 이전하는 것을 고려하고 있다고 조사된 바 있습니다. 독일의 경우에는 9% 정도의 기업들이 중국에서 다른 지역으로 이전할 것을 언급했습니다. 전 세계의 '탈중국화'가 일어나고 있는 것이죠.

중국으로부터 산업, 경제, 공장이 분리되면서 다른 지역에 대한 수요가 증가하는 것은 다른 수출 국가 입장에서는 긍정적인 요인이 될 수 있습니다. 실질적으로 미국에 대한 수출(중국의 수출) 공백이 발생하면, 제3국 등은 미국에 대한 수출 기회를 엿볼 수 있습니다. 즉 관세 부과로 대부분의 국가가 부정적 영향을 받지만, 상대적인 기회의 점증으로 수출 물량이 증가하면서 새로운 수출 기회를 획득할 수 있다는 것이죠. 특히 미국과 EU의 입장에서는 그동안 진행된 중국과의 경제 분리, 이로 인한 공급망 분리에 따른 상품 부족 현상 등이 심화된 적이 있습니다. 그래서 중국에 대한 수입 의존도를 축소하는 것뿐만 아니라, 공급망을 다변화시키기 위해 노력 중입니다. 즉 주요 국가의 기업들이 중국에서 공급받던 소재와 부품들을 제3국을 통해 수입하려는 움직임이 강화되고 있습니다.

중국과 협업하는 미국 기업 입장에서 'Made in China' 제품을 수입하면 상당한 관세가 부과됩니다. 하지만 다른 국가를 통해 해당 제품을 수입할 경우 상대적으로 관세가 낮을 것입니다. 이에 바이든 정부 때부터 미국 행정부는 중국용 관세 적용에 있어서 '중국산으로 만들어진 모든 것'으로 규정하여 소재 및 원자재 원산지가 중국이면 관세를 부과하는 식으로 대응했습니다. 하지만 여전히 우회적으로 멕시코 제품이나 베트남 제품 등으로 변환되는 사례가 존재해 왔습니다. 소재는 중국산이지만, 기초 가공을 하는 과정에서 가공이 이루어진 국가로 원산지를 바꾸는 것이지요.

즉 미국이 모든 제조업에서 모든 가치사슬의 상품(1차, 2차, 3차 등으로 이루어지는 상품 제조 과정)을 스스로 조달하거나 제조하기는 힘든 것이 현실입니다. 결국, 중국 제품 수입을 축소하는 만큼 다른 국가에게 수입해야 하는 충당 수요는 확대될 여지가 있습니다. 물론, 트럼프 행정부는 대부분의 제조업 관련 국가에 대해 관세를 부과할 것입니다. 하지만 관세 부과가 늦게 시행되거나, 관세율이 상대적으로 낮은 국가 입장에서는 아웃소싱 받거나 생산공장 건설 등의 기회를 얻을 수도 있습니다.

TRUMP

2장

PANIC

트럼프 2.0 시대의 미국

트럼프식 정책은 '미국을 위대하게', 다시 말해 미국을 잘살게 만들겠다는 의도를 바탕으로 한다. 과연 트럼프는 미국의 경제를 살릴 수 있을까? 이번 장에서는 트럼프 2.0 시기 미국 내에서 트럼프가 어떤 행정적, 정치적 정책을 펼칠지 살펴보고 나아가 트럼프 행정부의 정책이 실질적으로 미국의 경제에 어떤 영향을 미칠지 살펴

단기적인
호황을 누릴
미국

트럼프 2.0 시대의 미국 경제는 어떻게 흘러갈까요? 트럼프의 재정 정책이 반드시 미국의 재정을 고갈시키거나, 최악의 경제 상황을 불러올 것으로 보이지는 않습니다. 우선 트럼프의 정책을 단기(2년 내)와 장기 정책(2년 이상)으로 구분해 보면, 트럼프의 세제와 재정 정책은 단기적으로 미국의 경제를 강화하는 데 크게 기여할 것으로 보입니다. 다만 대외 배척적인 경제를 지속할 경우 2년 이후부터는 여러 가지 경로를 통해 미국 경제 내에 불확실한 요소들이 가미되면서, 서서히 경제가 위축될 것으로 판단합니다. 트럼프 1.0 때도 당선 직후인 2017~2018년 미국 경제는 호황이었지만 2019년부터는 트럼프가 단기적으로 호황세를 만들어 낸 정책 때문에 오히려 악영향을 받으며 경제가 악화되었습니다.

우선 단기적으로 트럼프의 세제 정책을 살펴보면 다음과 같습니다. 2017년 발효되어 2025년 말 만료되는 세금감면및일자리창출법 Tax Cuts and Jobs Act, TCJA의 세금 감면 조치는 최소 4~5년 이상 연장될 것으로 판단됩니다. 현재까지 TCJA의 세금 감면 조치는 대체로 기업들과 고소득 가계, 자산가에게 세율 인하 혜택을 주고 있습니다. 규모는 2026 회계연도 기준 GDP의 0.6%, 2027 회계연도 기준 1.4%로 추산됩니다. TCJA의 연장은 미국 연방정부의 세입 규모를 축소해 GDP 대비 연방정부 부채비율을 9%p가량 높이는 요소로 작용할 것으로 추정됩니다(피터슨경제연구소 추정치 참고).

물론 공화당이 자유롭게 TCJA 세금 감면을 일방적으로 장기화하기는 힘들 것으로 판단됩니다. 민주당은 바이든 정부 시절, 기업의 세율을 28%로 인상하려고 시도했습니다. 현재 공화당의 입지가 강화되었다고 하더라도 TCJA 조항, 특히 세금 감면을 공화당이 독단적으로 5년 이상 장기적으로 연장하는 것은 불가능합니다. 이미 공화당과 민주당은 예산 조정 규칙을 마련해 두고, 이 기준에서 세제 관련 정책을 결정해 왔습니다. 이 때문에 세금 감면 정책은 아무리 길더라도 2030년 정도까지만 연장할 수 있을 것으로 판단됩니다.

한편, 트럼프는 바이든 정부가 추진해 왔던 인플레이션감소법IRA의 신재생에너지 세액 공제를 축소할 가능성이 큽니다. 하지만 그렇다고 해서 IRA의 혜택을 상당 수준 줄이는 것뿐이지, 이 정책을 완전히 폐지하기는 힘들 것으로 판단됩니다. 이미 인디애나, 텍사스, 노스캐롤라이나 등의 공화당 텃밭 주요 지역과 경합 주인 펜실베이니아, 미시간 등에서 많은 노동자가 IRA로 설립된 공장에서 일자리를 얻어 왔습니다. 이에 공화당 의원들도 여론을 고려하여 IRA 세액 공제의 완전한 폐지에 대해서는 매우 신중한 입장을 취하고 있습니다. 양 당이 세금 관련 정책에 있어서는 특별 예산 조정 절차를 통해 변경해야만 한다는 기준을 설정했는데, 어떠한 세제 관련 법안도 10년 이상 재정 적자를 초래하는 경우에는 법안의 수립 자체가 불가능한 것으로 규정하기에 더욱 그렇지요.

결국 트럼프가 추진하려는 세율 인하 정책은 2033 회계연도까지 재정 적자 최소 1조 달러 이상을 초래하는 요인으로 추정되기 때문에 '세율 인하의 폭과 세율 인하 기간'에 있어서는 제한적으로만 설정할 수 있을 것으로 보입니다. 특히 공화당의 입장에서 TCJA에서 세금 관련 정책을 추진하기 위해서는 민주당이 요구하는 다른 정책들과의 '스와프'가 필요할 것으로 보입니다. 공화당이 주장하는 대표적인 '세금 감면'과 민주당이 주장하는 대표적인 'IRA 세액 공제'는 양당의 정책 슬로건으로 계속 자리 잡을 것입니다. 이 때문에 양당은 '제한적 수준의 세금 감면과 기간', 그리고 '제한적 수준의 IRA 세액 공제' 등으로 정책을 타협할 가능성이 큽니다.

또한 트럼프가 세금 감면 정책을 요구하는 것과 마찬가지로, 민주당은 '저소득·중소득 가구를 위한 IRA의 보험료 세액 공제' 정책을 강력히 요구해 왔습니다. 즉 민주당 역시 저소득·중소득 계층을 위해 건강 보험료의 세액 공제를 강력히 주장해 왔습니다. 이외에도 자녀 세액공제Child Tax Credit, CTC, 경기 부양을 위한 미국구조계획American Rescue Plan, ARP 등도 요구했지요. 트럼프는 부자를 위한 세금 감면을 주장하는데 민주당 정책들의 수혜 계층은 트럼프의 수혜 계층과는 다소 다를 수는 있습니다. 그러나 '미국인'의 세금을 축소한다는 측면에서 공화당도 동 법안을 무시할 수는 없는 상황입니다. 결국 트럼프의 세금 감면과 민주당의 IRA 세액 공제 등이 중첩되면서 미국 연방정부의 부채 규모는 급격하게 증가할 가능성이 있습니다.

점점 증가할 미국의 재정 부담

미국 연방정부의 부채한도 협상 만료일(부채한도 재협상 기간)은 2025년 초에 이루어질 예정입니다. 아마도 트럼프 행정부는 새로운 예산안을 기반으로 부채한도 증액 혹은 부채한도 폐지 협상에 임할 것으로 보이는데, 이 과정이 결코 만만치는 않을 것입니다. 늘 그랬던 것처럼, 양당 간의 부침이 있을 겁니다. 하지만 이 기간 중 재무부는 보유 중인 채권을 기반으로 연준의 자금을 TGA(재무부 현금계좌)로 예치하거나, 법정 부채한도에 이르지 않는 범위에서 최소한의 이자만 지불하는 식으로 급한 불을 끌 것으로 보입니다.

트럼프가 집권하더라도 민주당은 트럼프 대통령의 정책에 강하게 반발할 가능성이 큽니다. 때문에 트럼프는 1.0 때보다 더욱 강력한 이벤트, 즉 리더십을 위한 '쇼오프Show off'를 보여줄 가능성이 큽니다.

특히 민주당은 다음에라도 정권을 되찾기 위해 바이든이 초기 행정부에서 주장했던 '미국가족계획American Families Plan, AFP'을 유지하려 노력할 가능성이 큰데요. 사회 안전망 확대를 위한 육아 지원, 유치원 건립, 유급 가족 및 의료 휴가 등을 담고 있는 이 법안은 바이든 집권 시기 2년간 대략 3,000억 달러의 돈이 들어갔는데, 만일 공화당이 이 정책을 유지해 준다면 초기 2년간 트럼프 정부의 부채한도는 급증할 것입니다. 그리고 실제로 그렇게 될 확률은 높습니다.

트럼프와 공화당이 민주당의 AFP를 일정 부분 유지할 수밖에 없는 이유는 다음과 같습니다. 트럼프 대통령은 이미 우크라이나 전쟁을 종식시키기 위한 구체적인 협상에 돌입한 것으로 보이는데, 가족계획법은 여론에서 중요한 요소로 작용할 수 있습니다. 즉 재량적 지출을 일부 줄여 다른 국가의 전쟁 지원을 축소하는 대신에, 미국 가계에 대한 사회보장적 지원인 AFP는 축소하지 않을 것이라는 여론적 기대감을 신경 쓸 확률이 크다고 보는 것이죠.

트럼프는 지난 1.0 때도 저소득 계층을 위한 건강보험 성격을 지닌 메디케이드Medicaid가 오바마 정책의 유산이라 판단하여 대폭 삭감을 주장한 바 있었습니다. 하지만 이러한 주장은 여론에 저지되었고, 특히 헌법재판소에서조차 '인권과 직결된 위헌의 가능성'을 언급하며 트럼프에 손을 들어 주지 않았습니다.

결국 트럼프의 재정 정책이 표면적으로는 매우 강건해 보이겠지만, 실질적으로 바이든 정부 때 책정된 AFP 등과 같은 사회보장적 정책이 이미 자리를 잡았기 때문에 이 정책을 트럼프가 번복하기는 쉽지 않을 것입니다. IRA 역시 마찬가지의 논리가 작용할 것으로 보입니다. 이로 인해 재정적 부담을 크게 안고 출발할 트럼프 행정부는 결국 재정 부족과 부채에 대한 부담을 외국에 대한 관세 수입으로 메꾸어 나갈 것으로 보입니다. 트럼프가 강력한 관세맨을 표방하는 이유를 엿볼 수 있지요. 앞서 1장에서 다뤘듯 트럼프는 이미 중국을 제외한 전 세계 모든 나라에서 들어오는 수입품에 일괄적으로 10%의

■ **시기에 따른 미국 정부의 재정**

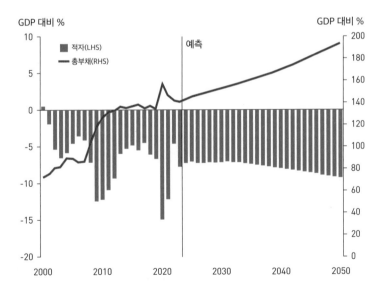

출처: Oxford Economics

관세를 부과하는 것을 논의했으며, 이 정책으로 부족한 세수분을 충분히 메꿀 수 있을 것이라고 판단하고 있습니다.

정리하면 미국 경제는 트럼프 행정부 초기에는 강력한 경기 부양으로 나홀로 호황을 보일 것입니다. 반면에 여러 부문에서 재정이 압박받고, 부채는 지속적으로 증가할 것입니다.

트럼프의 남의 땅 빼앗기, 제국주의의 부활

여기서 잠깐 '미국 우선주의'를 외치는, 미국에 대한 트럼프의 사랑이 예고하는 또 다른 변화를 잠깐 다뤄 보려 합니다. 바로 미국의 '땅 빼앗기' 전략입니다. 트럼프는 캐나다, 파나마운하, 그린란드 등을 미국의 영토로 복원해야 한다고 주장하고 있습니다. 미국의 경제적 혜택이 과한 나라이거나, 원래 미국이 개척한 땅이거나, 미국의 제조업 부흥 정책에 매우 중요한 땅을 가져가겠다는 것이죠.

미국 입장에서 이 영토들을 취득하는 것은 미국의 본원적인 한계인 제조업을 부흥시키기는 일과도 관련 있는 매우 중요한 일입니다. 나아가 미국이 처한 재정적 위기를 타파하는 일과도 연관되어 있습니다. 다시 말해 다른 나라들의 땅을 빼앗겠다는 트럼프의 발언은 외교적 형태로 드러나지만 실질적으로 '자국의 경제', 즉 '미국을 다시 위대하게' 만들겠다는 트럼프식 정책의 기본적인 기조 측면에서 이해해야 한다는 것입니다. 이제 하나씩 살펴보도록 하겠습니다.

첫째, 트럼프 대통령은 '국경 문제, 마약 문제, 미국의 무역수지 적자 문제' 등을 근거로, 차라리 캐나다를 미국의 영토로 지정하는 것이 합리적이라고 주장하고 있습니다. 캐나다는 풍부하고 다양한 자원, 대서양과 아메리카를 향하는 항해 교역에서의 이점 등으로 과거 영국제국의 영토로 편입되어 있었습니다. 이후 1867년 7월 1일 영국으로부터 독립하였고, 1931년 웨스트민스터 헌장을 제정함으로써 캐나다만의 국가 체계를 갖추게 되었습니다. 즉 캐나다는 이미 과거부터 천연가스, 갈탄, 석탄, 원유, 금, 은, 구리, 다이아몬드, 철광석, 니켈, 우라늄, 아연 등과 같은 다양한 광물 자원을 보유하고 있었기 때문에, 제조업 강국을 꿈꾸는 국가의 입장에서 상당히 매력적일 수밖에 없습니다.

이외에도 캐나다는 항공, 우주, 자동차 부품 제조, 제지, 철강, 기계 및 기기 등의 산업에서 자체적인 강점을 지니고 있는데, 이 산업군에서의 경쟁력은 사실상 미국과의 협력(인프라 사용)에서 발생합니다. 실제로 캐나다는 자원의 이점 등을 바탕으로 다양한 수출 활동을 하고 있는데, 사실상 수출 대부분의 대상국은 미국입니다. 그리고 미국의 생산 및 운송 인프라 시설을 상당 수준 이용하면서, 미국으로의 수출 증대 이점을 누리고 있습니다. 이에 미국과 캐나다는 국경에 군

대를 배치하거나 초소를 설치하지 않고 있으며, 사실상 많은 영역(군
사, 외교) 등에서 궤적을 함께하고 있습니다. 이처럼 미국의 다양한 이
점을 이용하고 있음에도 캐나다는 프랑스, 네덜란드 등과의 외교·안
보·정치 등에 있어서 미국과는 다른 목소리를 내고 있습니다. 이에
트럼프 대통령 입장에서는 '경제적 이점을 누리는 만큼 미국을 따르
던가, 아니면 아예 미국 영토로 편입되던가'라는 식의 압박을 하고 있
습니다.

둘째, 파나마운하에 대해 트럼프 대통령은 '파나마운하 사용료가
너무 비싸고, 원래 미국이 개척한 지역이니 환수하겠다'라고 언급했
습니다. 파나마운하는 북중미와 남미를 연결하는 전략적 요충지이
고, 해상 교역에서 매우 중요합니다. 파나마운하를 통과하지 않고 남
미 대륙을 가려면 1만㎞ 이상 완전히 돌아서 가야 합니다. 게다가 이
지역에서 중국계 홍콩 기업들이 사업을 영위하고 있기 때문에, 트럼
프 입장에서는 파나마운하 지역에 대한 미국의 오너십을 재정리하려
는 것입니다.

파나마운하는 파나마지협을 가로질러 태평양과 대서양을 잇는 길
이 82㎞의 운하이며, 1914년 8월 15일에 완공되었습니다. 원래 1800
년대에는 프랑스가 최초로 파나마운하 건설을 시도했지만 각종 사
고, 재난, 재원 부족 등을 이유로 좌초되었습니다. 이어서 1900년대
초 미국이 재시도해서, 우드로 윌슨 대통령 재임 시기에 완공되었습

니다. 1914년 완공 이후에도 파나마운하에서는 황열병, 운하 주변 흙의 붕괴 등으로 미국과 프랑스 노동자 2만 7,500명이 사망하기도 했습니다.

그만큼 파나마운하는 미국의 입장에서 조상의 노력과 생명이 모두 담긴 역사적인 건설물입니다. 하지만 파나마운하가 건설된 이후 파나마 주변국(파나마 공화국)에서는 미국의 파나마운하에 대한 직·간접적인 개입을 '국가적 개입'으로 인식하였고, 이에 아메리카 지역에서의 자신들의 독립성을 요구하며 미국에게 이 지역에 대한 자치권을 요구했습니다.

그렇게 1977년 미국의 지미 카터 대통령은 파나마의 오마르 토리호스 대통령과 파나마운하에 대한 권리를 협상했습니다. 지미 카터 대통령은 파나마운하와 수로 양쪽 전략적 요충지에 대한 관리권 일체를 파나마 정부로 완전히 이관하기로 합의했습니다. 당시 미국이 파나마운하의 권리를 내주게 된 결정적인 계기는 미국 전에 패권을 잡았던 영국이 '제국주의로 악명을 얻고 수명을 다한' 것과 달리, 미국은 '제1국이면서도 대의명분을 지키겠다'라는 명분 쌓기에서 비롯된 것입니다.

그런데 이미 트럼프는 1.0 시기 미국의 '국가안보전략' 보고서에서 '제1국으로서의 실리가 중요한 것이지, 대의명분을 위한 정책은 미국에게 의미가 없다'라고 명시한 바 있습니다. 결국 트럼프식 실리주의 입장에서는 어떠한 방편, 예컨대 군사적 정책을 동원해서라도 파나마운하에 대한 이득권을 되찾아 올 가능성이 상당히 클 것으로 보입니다.

셋째, 그린란드에 대해서도 트럼프는 미국의 소유권을 주장하고 있습니다. 그린란드의 경우 '해상 교역의 요충지, 자원 요충지, 지정학적 요충지'라는 요충지의 모든 요소를 내포하고 있습니다. 실제로 그린란드는 북극해에 위치하는 덴마크령 섬으로 정치·역사적으로는 북유럽에게 오너십이 존재합니다. 면적은 약 216만 6,086㎢로 한반도 전체의 9.68배, 약 215만㎢의 사우디아라비아보다 조금 더 넓은데, 영토 대부분이 얼음이었지만 최근에는 온난화로 빙하가 녹아내리고 있습니다. 이로 인해 그린란드를 기반으로 하는 해상 교역의 가능성이 열리고 있고, 기존에는 탐험과 개척이 불가하다고 여겨졌던 그린란드를 기반으로 한 '자원 탐색과 북극해적 위치에서의 교역의 가능성'이 조금씩 발견되는 중이지요.

여기에 그린란드는 지리적으로 유럽과 미주 대륙을 연결하는 전략적 요충지이기 때문에 북극권 항로, 미사일 등 발사체의 주요 거점 등으로도 이용될 수 있습니다. 물론 1917년 미국이 덴마크와 '버진아일랜드 판매 조약Treaty of Cession of the Danish West Indies'을 체결하고, 1921년에는 영국이 덴마크와의 상호조약으로 '그린란드 주권'을 인정하는 등 국제 사법적으로 그린란드는 덴마크의 자치령으로 인정되고 있습니다. 과거 제2차 세계대전 동안 안보상의 이유로 미국은 잠시 그린란드를 점령하기도 했는데, 이에 미국 정부는 러시아와 미국 사이의 '알래스카 조약'을 근거로 그린란드의 소유권을 가져오려 하고 있습니다. 즉 원래부터 우리한테 권한이 일부 있지만, 돈을 주고서라도 사겠다는 것이죠.

현재 그린란드는 2009년부터 '그린란드자치에관한법률Lov om Grønlands Selvstyre'을 기반으로, 위임자치령Home Rule 지위와 완전자치Self-Government 권한이 부여된 상황입니다. 따라서 그린란드의 국방에 관한 문제는 덴마크의 소관이며, 덴마크 방위군 산하인 북극합동사령부 Arktisk Kommando; Issittumi Sakkutooqarfik에서 관할합니다. 이에 미국이 돈을 낸다고 해도, 쉽게 그린란드를 소유하기는 힘든 구조입니다.

하지만 이와 같은 각국의 독립적 영토에 대해 트럼프는 미국의 권리로 편입하겠다는 목소리를 높이고 있습니다. 물론 미국 내부에서도 과거의 역사적 명분과 대의를 중요시한 정치인들은 트럼프에 반대하고 있습니다. 하지만 트럼프, 그리고 현재 미국이 나아가려는 방향을 고려하면 이상의 정책들은 현실적으로 시행될 가능성이 커 보입니다. 즉 군사적 압박과 경제적 압박을 총동원해서라도 트럼프는 해당 영토에 대한 권리를 소유하려 할 가능성이 있습니다.

트럼프, 그리고 미국이 취하고 있는 '땅 빼앗기' 전략은 무엇을 의미할까요? 그것은 바로 '미국식 제국주의의 부활'입니다. 과거 대영제국이 제국주의적 체제를 바탕으로 많은 식민지를 거느린 사례를 생각해 보면 쉽게 이해할 수 있습니다. 과거 영국은 16세기 말부터 17세기 초 대영제국, 즉 'British Empire'를 바탕으로 영국 본국, 자치령, 식민지, 보호령, 위임통치령, 속령으로 구성된 정치 체제를 이뤄 왔습니다. 대영제국은 19~20세기 최고의 전성기를 누렸고, 영국의 정치 체제, 법, 언어, 문화는 전 세계에 영향력을 미쳤습니다. 영토가 워낙 넓어 '해가 지지 않는 나라'로 불리기도 했습니다.

그런데 1815년부터 1914년까지 전 세계에서 패권을 행사하면서 영국은 '팍스 브리태니카Pax Britannica'를 구사했습니다. 각 국가에서 취할 수 있는 무역, 자원, 해항 등과 관련한 이익을 취하기 위해 잉글랜드가 무역의 독점권을 점령할 수 있는 법안(1651년)을 바탕으로, 많은 국가를 식민지로 편입했습니다. 영국은 전 세계에서 확보한 식민지 외에도 아시아와 라틴아메리카에서 각 국가의 경제 정책을 좌우할 정도의 위세를 발휘했습니다. 실제로 영국은 과거 경제 강국이었던 네덜란드와 경쟁하면서도 아프리카, 인도, 오스트레일리아, 뉴질랜드 등을 자국의 체제하에 두었습니다.

1815년부터 1914년까지는 영국은 약 2,600만㎢의 영토와 세계 인구의 4분의 1에 해당하는 약 4억 명의 인구를 통제했습니다. 당시 영국의 동인도회사가 인도로 진출하면서 아시아에서도 큰 영향력을 발휘하였고, 영국의 경제적·안보적 지배력은 더욱 강화되었습니다. 하지만 영국은 이렇게 자국의 지배력을 강화하면서도 직·간접적으로 지배하는 국가들에게 큰 이익을 제공하지는 못했습니다. 당시 대영

제국의 체제는 크게 영연방United Kingdom, 자치령, 정부 간 연합조직 등
으로 구성되었습니다. 자치령 국가(1931년 웨스트민스터 헌장으로 자치 허
가)들은 외교권, 군사권을 독립적으로 지니고 있었고, 자치령 국가들
은 자체적인 외교력, 경제력으로 국가 체제를 유지했습니다.

즉 영국이 영연방과 자치령 국가들에 대해서 부여할 수 있는 권한
은 '외교적·정치적 자율성'에 불과했으며 여타의 '무역적·금융적 이
익'에 대해서는 불허하였습니다. 영국에 속한 국가들 입장에서 영국
에 경제적 이익을 제공하면서도 자국의 나라 살림은 알아서 책임져
야 하고, 어떠한 수혜도 얻을 수 없는 불공정한 방식이었습니다. 이
는 세계를 아우르던 대영제국이 무역 이익 기회, 항해 독점화, 노동
력 지배 등과 같은 유리한 요소를 보유했음에도 서서히 붕괴되기 시

■ 1815~1914년 대영제국이 전성기 시절 거느리던 영토의 범위

출처: Wekipedia

작하는 단초가 되었습니다. 식민지였던 이집트, 수단, 짐바브웨 같은 국가들이 일부 탈퇴하기 시작했고 미국, 인도, 캐나다, 네팔, 파키스탄 등이 완전히 독립해 나가면서 대영제국은 완전히 해체 수순으로 들어가게 됩니다.

만약 영국이 보유했던 막강한 영토에 기반한 자원, 항해, 군사, 무역의 기회를 잘만 활용했다면 제1의 패권국으로 계속해서 존재할 수 있었을 것입니다. 영국은 자국 입장에서의 좋은 기회를 지키지 못한 국가이고, 그렇게 된 결정적인 이유는 지배국들에 적절한 인센티브를 주지 못했기 때문입니다. 그런데 대영제국의 몰락은 역설적으로 제1국으로서의 패권국이 되기 위해서는 결국 국제적 이권 다툼에 있어 영토가 많이 필요하다는 것을 알려주기도 합니다.

트럼프는 이러한 역사관을 누구보다 잘 인식하고 있습니다. 그의 입장에서 생각하면 답은 간단합니다. 이미 우선주의, 실리주의는 미국의 정해진 노선입니다. 정도의 차이만 있을 뿐, 트럼프가 아닌 어느 대통령이 오더라도 마찬가지입니다. 특히 실리주의에 더 강한 의미를 피력하는 트럼프의 입장에서는 '미국 먼저'라는 기조를 지키기 위해 그동안 러시아의 확장, 중국의 성장, 유럽의 반발, 중동에서의 지정학적 위험으로 어지러워진 질서를 통제하는 일에 집중할 수밖에 없습니다. 이에 트럼프는 영국식 제국주의가 아닌 '미국식 제국주의' 체제를 구축하고자 노력하는 것으로 추정됩니다.

영국식 제국주의는 자치령에 포함된 국가에게 자율권을 부여하지만, 특별히 경제적 혜택을 주지는 않았습니다. 영국 시장에 참여는 하되 너희들끼리 알아서 경쟁하라는 식이었지요. 하지만 미국식 제국주의는 미국에게 명확한 이익을 주는 국가에 대해서는 미국 역시 이익을 제공하는 방식이 될 것입니다. 예를 들어 일본과 같이 안보, 무역, 투자 등의 부문에 기여하는 국가에게는 환율, 무역, 안보 정책과 관련하여 항상 예외의 여지를 주는 식입니다.

이러한 트럼프식 제국주의는 군사법, 경제법, 역사적 인식의 제고 등 어떤 방식을 원용해서라도 반드시 실행될 것으로 보입니다. 트럼프가 구축하려는 제국주의 체제 구축은 이미 시작되었습니다. 이에 적절하고 현명한 대처를 통해 향후 미국 시장에서 생길 기회를 노리는 것이 매우 중요한 상황이라고 정리할 수 있겠습니다.

트럼프도
복지 정책을
펼칠 수 있다

트럼프 대통령의 10% 보편적 관세 정책은 수입 상품 가격 상승, 대체
제 필요성, 상대국과의 무역 마찰, 공급망 훼손 등으로 인해 결국 자
국 경제에 악영향을 미칠 가능성이 큽니다. 관세전쟁의 경제적 효과
에 대해서는 이후 상세히 살펴보겠습니다만, 피터슨연구소의 추정에
따르면 미국의 10% 관세 정책은 전 세계 GDP의 0.3%p를 축소시키
고(10년간), 미국 GDP를 2025년 0.4%p 감소시킬 것으로 예상됩니다.
특히 관세 정책은 연방정부의 세수 증가에 직접적인 도움을 줄 수 있
지만, 미국 가계의 실질소득과 소비에 타격을 주는 방식(저축의 과잉 증
가)으로 오랜 기간 완만하게 부정적 영향을 미칠 것으로 추정됩니다.

 결국 연방정부의 재정적 부담이 가중될 것이고, 이러한 부담으로
미국의 연방정부 부채는 2050년까지 GDP 대비 200% 수준까지 증가

할 것으로 추정됩니다. 새로운 정부가 집권하는 시기마다 새로운 사회보장 시스템이 추가되고, 이 정책들이 유지되면서 재정적 부담이 누적적으로 증가하는 것이지요. 물론 이를 유지하기 위한 미국의 부채한도 협상, 채권 발행 등에 의한 재원 조달 등은 달러 패권이 유지되는 한 큰 실패로 돌아가지는 않을 것입니다. 하지만 미국 정부가 스스로 만들어 낸 불협화음이 다른 국가들에게는 '위기'로 표명되고, 이것이 전 세계의 불안 요소로 작용할 가능성이 큽니다.

예를 들어 2023년 6월 부채한도 협상 과정의 불협화음, 그리고 이로 인해 발생한 2023년 9월에 연방정부 폐쇄 등의 사건이 언제든지 다시 일어날 수 있다는 것입니다. 미국에 새로운 정부가 들어서게 되면 늘 반복되는 일이라 혹자들은 놀랍게 생각하지 않을 수 있습니다. 하지만 양 의회의 주장을 살펴보면, 대체로 동일한 트러블이 반복됩니다.

민주당에서는 그들이 원하는 적절한 지출을 이행하지 않으면 개인들의 복지Welfare가 크게 저하된다고 공화당을 압박하고, 공화당은 민주당이 미국 전체의 위기를 초래한다고 주장합니다. 공화당은 막대한 재정 지출이 재정을 악화시키고 부채만 높일 것이라고 주장합니다. 재정 악화와 부채 증가는 결국 미국에 재앙이 될 것이라고 우려하며 민주당의 정책에 반대를 표합니다.

공화당과 민주당의 대립이 끊임없이 지속되다 보니, 이러한 혼란을 바라보는 미국 가계 입장에서는 결국 가계에 돈을 투입해 주는 당의 의견으로 여론을 집중해 왔습니다. 결국 앞으로도 민주당은 여론에 힘입어 보다 더 적극적인 사회보장 지원을 도입하려 하고, 공화당은 자신들만의 정책을 내세우면서도 여론의 눈치를 보며 민주당의 사회보장 정책도 떠안고 가는 형국이 될 것입니다.

2023년 9월 미국 하원에서 의장직을 맡고 있는 공화당의 케빈 매카시가 의장직을 박탈당한 사건을 떠올려 보면 간단합니다. 당시 케빈 메카시는 공화당 의원의 반대로 의장직을 박탈당했습니다. 이는 공화당 내부의 극우 성향인 프리덤 코커스Freedom Caucus(미국 공화당 내 강경 우익 성향의 하원의원들의 모임)의 요구와 주장을 충분히 반영하지 않아서인데, 케빈 매카시 입장에서는 공화당의 목소리에만 집중하기 힘든 환경이었기 때문이죠.

당시 공화당 초강경파들은 극단적인 지출 삭감, 부채한도 조절 등을 강력히 요구했습니다. 하지만 하원 의장인 케빈 메카시의 입장에서도 민주당이 내세운 다양한 사회보장 프로그램에 반하는 정책을 내세우기 힘들었습니다. 즉 국민적 여론이 집중되어 지지하는 민주당의 사회보장 시스템에 대해서는 더 이상 반대하기 힘든 여건이 지속되는 중입니다.

결국 트럼프 행정부는 자신만의 '세제감면 및 일자리 정책' 등을 시행할 뿐 아니라, 민주당이 구축한 다양한 사회보장 프로그램을 적정한 정도로만 축소해 함께 이행할 가능성이 큽니다. 더불어 트럼프 대

통령도 공화당 내부의 보수적 지출을 주장하는 강경파의 목소리에
근거하여, 상당 수준 본인의 정책을 수정해 나갈 것으로 예상됩니다.
실제로 트럼프 1.0 시기에도, 트럼프는 기업세율을 35%에서 15%로
즉각 인하할 것을 제안했지만, 지나친 재정 부담이 될 것이라는 공화
당 강경파의 생각에 맞춰 세율을 21% 인하로 합의한 바 있습니다.

트럼프가
승계할
바이든의
정책

경기 측면에서 트럼프 행정부는 이미 이어져 오는 '미국의 완전 고용'
을 2년 이내의 단기간에는 더욱 강건하게 만들려고 할 가능성이 큽니
다. 이에 일자리 창출에 도움이 되는 바이든의 정책, 즉 '더 나은 재건
Build Back Better, BBB' 중 일부를 그대로 승계할 가능성이 있습니다.

BBB는 바이든 행정부가 추진한 주요 경제 정책으로 앞서 살펴본
미국구조계획ARP, 미국가족계획AFP에 더해 미국일자리계획American Jobs
Plan, AJP을 핵심으로 합니다. BBB 법안을 좀 더 면밀히 살펴보면 우선
미국구조계획은 코로나19 사태로 경제적 어려움에 처한 시민들을
지원하면서 경기를 부양하는 것입니다. 코로나19 사태가 한창이던
2021년 3월 11일, 미국 의회는 1조 9,000억 달러 규모의 미국구조계
획 법안을 통과시켰습니다. 코로나19 팬데믹 시절이며 트럼프가 대

통령이던 2020년에 미국구조계획과 연관된 법안인 'CARES' 법안이 검토된 바 있었기 때문에 조기 입법이 가능했습니다. 한편 이러한 미국구조계획은 사실상 자영업자와 개인들에게 현금을 무상으로 직접 지급하는 형태인데, 법안을 통해 현금 지급 유보액을 철회했습니다.

다음으로 미국일자리계획은 고속도로, 인터넷망, 상수도 등의 인프라 확충과 재생에너지 개발을 통해 일자리를 창출하는 법안입니다.

마지막으로 미국가족계획은 중산층 재건을 목표로 공교육 투자와 육아 보조금 확대를 담고 있습니다. 미국가족계획법은 신재생에너지와 전기차 보조금 등의 지원 정책이 포함된 3조 5,000억 달러의 규모로 법안에 올려졌습니다. 하지만 이 법안은 초기에 공화당이 환경 관련 지출로 인한 인플레이션 압력을 근거로 반대하여 예산이 초안의 절반 수준인 1조 8,500억 달러로 축소되었습니다. 이후에도 미국가족계획법은 지속적으로 수정을 거쳤습니다. 요지는 세금을 많이 거둬들인다는 조건으로 지출할 수 있는 쪽으로 수정되었습니다. 대기업의 세금을 올리고 고령자에 대한 의료보험(메디케어) 한도(연간 2,000달러)를 설정하여 연방정부가 7,370억 달러의 자금을 조달하고, 이를 기반으로 4,370억 달러의 예산 지출을 한다는 내용입니다. 최종적으로 이 법안은 2022년 '인플레이션감축법IRA'으로 명명되었습니다.

트럼프 시대에서도 바이든의 BBB 법안 중에서 인플레이션 감축법은 수정될 가능성이 있지만, 이미 시행되고 있는 미국일자리계획은 연속적으로 시행될 가능성이 큽니다. 트럼프 입장에서도 지난 정부가 구축해 놓은 정책과 예산을 바탕으로, 일자리 창출이라는 자신의 성과로 표출될 수 있기 때문에 나쁘지 않은 선택이지요. 바이든의 민간 인프라 투자 정책에 기반한 일자리 창출 정책 이외에 트럼프의 TCJA(세금감면및일자리창출법)를 바탕으로 한 일자리 창출 정책이 추가된다면 트럼프 초기 집권 2년간은 미국 내 고용 상황은 매우 순조로운 양상을 보일 가능성이 큽니다.

TRUMP

3장

PANIC

실패로 돌아갈 미국 제조업 부흥

트럼프는 지난 1.0 시기 산업 정책에 있어 제조업 공장들을 미국으로 다시 불러들이는 '리쇼어링' 정책을 표방했다. 이러한 기조는 2.0 시기에도 계속해서 이어질 것으로 보이지만 여러 가지 정황상 미국의 제조업 부흥은 쉽지 않을 것으로 보인다. 이번 장에서는 트럼프가 천명하는 '미국의 제조업 부활'이 맞닥뜨릴 현실적인 어려움과 함께 이러한 상황에서 트럼프가 택할 수 있는 두 가지 시나리오에 대해 살펴보려 한다.

극심한
양극화에
시달리는
미국 제조업

2장을 통해 우리는 트럼프 2.0 시기 미국 경제가 단기적으로 호황을 누리지만 장기적으로 악화될 확률이 높은 이유들에 대해서 살펴보았습니다. 3장에서는 트럼프가 미국의 경제를 살리겠다며 추진하려는 제조업 부흥이 과연 어떤 결과를 불러올지 살펴보려 합니다.

　미국의 제조업은 자동화 기술의 변화, 서비스 산업 중심의 수요 확대로 인해 조금씩 개선되어 왔습니다. 그래도 최근에는 바이든 정부의 정책에 힘입어 디지털 혁명을 위한 하드웨어 제조, 국가 안보를 위한 다양한 무기 산업 투자 연구, 탈탄소화에 필수적인 EV 산업 육성 전략, 풍력 터빈, 태양광 패널, 제조업 신산업 프로젝트 등을 추진했고, 일정 수준의 성과를 창출하기도 했습니다. 특히 바이든 정부 시절에는 인프라투자법IIJA, 인플레이션감소법IRA과 반도체법CHIPS을 바탕으로 2,240억 달러 규모의 신재생 정책 및 반도체 프로젝트가 시행된 바 있습니다. 이로 인해 2023년 3월, 제조업 일자리가 80만 개 이상 증가하기도 했지요.

다만 미국 정부가 투자하는 일부 핵심 산업을 제외하고는 실제 전체 제조업의 상황은 아직 미진합니다. 현재 미국의 전체 생산에서 제조업이 차지하는 비중도 매우 작은 편입니다. 최근에도 미국 제조업의 GDP 대비 2024년 1분기 생산량 비중은 2019년 1분기 대비 5.2% 감소한 것으로 나타납니다. 구체적으로 2024년 2분기 미국 전체 기업의 노동생산성은 2017년 같은 기간보다 12.7% 높은 수준이었지만, 제조업의 노동생산성은 2.0% 하락한 것으로 나타났습니다. 완만한 고용 성장과 생산량 점유율의 하락으로 제조업의 노동생산성은 다른 산업 부문에 비해 미진하다고 볼 수 있습니다.

바이든 정부는 신재생에너지 부문과 하이테크 부문에 누적으로 8,978억 달러 규모를 투자했음에도(3,952억 달러, EV 및 배터리 1,765억 달러, 신재생에너지 1,599억 달러) 불구하고, 2022년 기준 미국 내 제조업 종사자들은 약 1,280만 명에 불과했습니다. 역사적으로 돌이켜 보아도 2000년 1,726만 5,000명에서 2023년 1,294만 3,000명으로 432만 3,000개의 일자리가 감소했습니다.

표면적으로 제조업을 국내로 회귀시키는 리쇼어링Reshoring 정책이 두드러지는 데도 불구하고, 미국 제조업이 아직까지 부침이 큰 이유는 무엇일까요?

바이든 정부에서 제조업에 크게 투자했다고는 하지만, 사실상 화석 연료 기반의 제조업 생산 중단, 전기 자동차 육성 정책으로 인한 여타의 자동차 부품 생산 감소, 기존 제조 자산의 감가상각, 자동화로 인한 기초 제조 산업 약화 등의 부정적 요소가 작용했기 때문입니다.

물론 신재생에너지 정책 및 반도체 프로젝트 등으로 제조업 고용 비중이 급격히 증가한 지역도 일부 존재합니다. 애리조나(139.2%), 아이다호(79.2%), 웨스트버지니아(57.5%), 뉴욕(47.8%), 오리건(47.3%), 뉴멕시코(46.3%), 네바다(28.3%), 루이지애나(26.4%), 텍사스(25.7%), 조지아(21.3%) 등의 순서로 제조업 일자리가 크게 늘어난 것으로 나타납니다. 하지만 미국 전체 평균으로는 제조업 고용이 연평균 3.7%만 증가하였습니다.

결국 선거 직후에 표명되는 미국의 '제조업 정책'은 사실상 겉치레 성격이 강하고, 아직까지 미국이 '제조업 르네상스'에 들어섰다고 하기에는 매우 부족한 상황입니다. 최근까지 미국의 산업적 정책 대응은 '신재생에너지와 반도체'에 집중되었으며 전통 제조업 부분에서는 정책 공백이 항상 있었습니다. 이 문제는 미국 관세 정책에 따른 수입 부족의 현상과도 직결되어 있지요.

즉 러스트 벨트를 구축하고 있는 디트로이트, 피츠버그, 필라델피아, 미시간, 인디애나, 오하이오, 펜실베이니아 등의 지역에서는 매번 대통령 선거와 새로운 행정부의 정책 변화로 육성 정책의 흐름이 뒤바뀌는 현상이 반복되었습니다. 그리고 이것이 제조업의 부문의 부침을 야기한 것이죠.

예를 들어 바이든 정부에서는 EV 관련 분야에서는 8만 7,700개의 일자리가 새롭게 창출된 것으로 나타납니다. 이에 반해 전통 제조 산업에서는 인쇄 6만 3,400개, 종이 4만 4,100개, 가구 2만 9,800개, 1차 금속 2만 8,500개, 섬유 2만 2,000개, 의류 7,700개의 일자리가 감소했습니다.

미국 전통 제조업의 쇠퇴는 어제오늘의 일이 아닙니다. 2000년 초반 이후 미국의 정책이 대외적으로 금융 분야의 힘을 강화하는 대신, 중국의 값싼 물건을 미국인들이 충분히 소비할 수 있도록 허용함으로써 약화되기 시작했습니다. 1990년대만 하더라도 제조업은 미국의 중산층을 형성하는 사다리 산업 역할을 하고, 제조업 일자리는 높은 임금을 보장했습니다. 하지만 2000년대 이후로 그 명맥은 퇴색됐습니다.

2000년대 이후 미국이 금융의 경제화에 집중하는 동안 중국은 전 세계 소비재 생산의 주요 주체로 자리 잡았습니다. 동시에 달러의 가치가 상승함에 따라 미국 가계의 구매력도 개선되다 보니, 제조보다는 소비에 집중되었습니다. 자연스레 미국인은 제조업 제품을 많이 수입하고, 미국 내 제조업 일자리는 점차 감소했습니다. 이런 현상이 지속되면서 제조업 악화에 따른 소득 불평등, 인종적 불평등과 같은 부작용도 뿌리 깊게 자리 잡게 되었습니다.

트럼프도
미국 제조업은
못 살린다

한편 트럼프 1.0 때의 제조업 부흥 정책은 어떠했는지 살펴보겠습니다. 트럼프 행정부 1.0 시기를 돌이켜 보면 오바마 행정부의 미국경기부흥및재투자법American Recovery and Reinvestment Act, ARRA을 그대로 계승한 것 외에는 탈탄소나 신기술 같은 특정 분야에 관한 정책은 없었습니다. 트럼프식 제조업 살리기의 논지는 '법인세율 인하와 부자에 대한 세제 인하를 통해 제조업의 성장과 투자가 촉진된다'라는 식에 그쳤습니다.

실제로 트럼프 1.0 때 제조업 관련 정책을 구체적으로 살펴보면 다음과 같습니다. 당시 트럼프 행정부의 로버트 라이트하이저 미국 무역대표부 대표에 따르면 트럼프 정부는 오프쇼어링Offshoring 정책을 폐지하고, 대부분의 생산시설을 미국으로 이전하는 '리쇼어링 정책'

을 발표했습니다. 이와 연계하여 트럼프 행정부는 새롭게 발효된 미국-멕시코-캐나다 무역협정USMCA과 주요 외국인들의 미국 투자 계획을 언급하며, 제조업 정책이 성공적이라고 자화자찬했습니다.

하지만 미국 내에서는 여전히 오프쇼어링이 진행 중이었고, 실제로 2016년에서 2018년 사이 트럼프 행정부 동안 거의 1,800개의 공장이 사라졌습니다BLS 2020; U.S. Census Bureau 2020a, 2020b. 물론 트럼프 행정부는 자신들의 성과로 '블루칼라 붐'이 일어나 제조업 일자리가 증가해 2016년에서 2019년 사이에 약 50만 개의 제조업 일자리가 창출되었다고 공표했습니다. 하지만 실질적으로 2010년부터 2019년까지 제조업 일자리가 매년 자연 평균 16만 6,000개가 증가했던 것을 감안하면, 4년간 50만 개의 제조업 일자리가 늘어난 것은 오히려 예전보다 줄어든 것입니다. 제조업 일자리가 매년 약 16만 명씩 증가했던 것을 고려하면, 4년간 64만 개의 일자리가 증가하는 것이 정상적이지요.

대외적으로 표방한 제조업 정책에도 불구하고, 트럼프 1.0 시기 제조업 일자리가 순증이 효과적이지 못했던 것에는 다양한 이유가 있습니다. 우선 이미 미국의 경제 구조가 금융으로 해외 소비를 주도하는 '금융 경제화-소비 중심 성장'으로 안착해 있다는 게 큽니다. 구체적으로 2001년에서 2018년까지 중국과의 무역 적자 증가(제조업 일자리 280만 개 감소)와 2015년 환태평양경제동반자협정TPP 회원국과의 무역 적자(제조업 일자리 110만 개 감소)로, 미국 제조업 일자리의 4분의 3 이상이 사라졌습니다Scott and Mokhiber 2020; Scott and Glass 2016.

특히 트럼프가 각종 무역협정을 파기하고 미국 중심의 새로운 협정으로 전환했음에도 불구하고, 그 효과는 달러 강세 영향으로 퇴색되었습니다. 2018년 3월 트럼프 행정부가 관세를 부과한 이후부터 달러 강세가 지속되었는데, 이는 미국 수출 상품 가격의 메리트를 약화시킨 반면, 수입 가격의 약세로 수입 수요는 더욱 확대됐습니다.

이러한 달러 강세는 미국 수출품의 가격과 수입품의 가격을 계속 낮추고 있습니다. 물론, 트럼프는 약달러 정책을 고수했지만, 트럼프의 기업 감세 정책으로 기업의 이윤이 높아지면서 외국 자본의 미국 주식시장 유입은 더욱 가속화되었습니다. 이에 달러 역시 정책 방향성과는 무관하게 강세 기조를 지속하면서 무역 적자를 지속시킨 것입니다.

당시 트럼프 행정부는 달러 강세를 촉발하는 주요 국가로 중국을 지적하고, 중국을 환율 조작국으로 지정했습니다. 또한 다른 국가들도 과도한 경상수지와 대미 무역 흑자, 과도한 환율 개입 등을 근거로 환율 조작 관찰 대상국으로 지정하겠다고 공표했습니다. 하지만 이러한 정책까지 동원했음에도 불구하고 달러의 상대적인 강세는 지속되었고, 미국 무역 적자는 해소되지 않았습니다. 결국 환율 조작국으로 지정되는 국가가 늘어날수록 그에 따르는 미국의 정책적 대응은 오로지 '관세' 부과밖에 없었고, 관세가 매겨지는 국가가 늘어날수록 달러화는 오히려 강세를 보였습니다.

현재까지 미국 무역 적자를 반영해서 달러가 균형점에 도달하려면 달러 가치는 실질 무역 가중 기준으로 25~30% 하락해야 합니다. 이는 중국, EU, 일본, 한국과 같은 무역 흑자 국가 및 로컬 통화 대비 더 큰 폭으로 하락해야 함을 의미합니다. 하지만 이미 금융 강국으로 자리 잡은 미국의 상황을 고려하면, 달러 가치가 하락하기란 쉽지 않습니다.

과거에는 달러 가치를 과도한 무역 적자의 흐름을 깰 수 있는 수준으로 낮추고자 상원 의원들이 새로운 정책을 제한하기도 했습니다. 위스콘신 민주당 의원인 볼드윈 상원의원과 미주리 공화당 의원인 홀리 상원의원이 발의한 초당적 법안인 '일자리와 번영을 위한 경쟁력 있는 달러법Competitive Dollar for Jobs and Prosperity Act'이 예입니다. 이 법안은 모든 외국 자본 유입에 대해 소액의 세금 또는 '시장 접근 수수료MAC'를 부과함으로써 미국으로의 과도한 자본 유입을 막아, 달러의 약세를 유도하겠다는 내용을 담고 있었습니다. 하지만 이 정책은 미국 내 수많은 금융 상품에 대한 견고한 수요를 막지 못했고, 오히려 새로운 금융 상품에 투자하려는 외국 자본의 유입을 초래했습니다.

결국 트럼프 1.0 시기 동안의 정책은 '관세 부과를 통한 수입 감소, 이로 인한 미국 내 제조업 수요 증가와 일자리 창출, 그리고 인위적인 달러 약세 정책' 등으로 요약됩니다. 하지만 이 정책들은 대부분 의도한 방향이 아닌 역의 방향으로, '수입은 감소하지만 수출도 감소하거나, 수입은 감소하지만 제조업은 역설적으로 악화되거나, 단기적으로는 달러가 약세를 보이지만 결국은 강세 전환'되는 식으로 부정적인 결과만을 초래했습니다. 실제로 2018~2019년 동안 미국의 무역 적자는 크게 증가했고, GDP 성장률 추세도 조금씩 약화되었습니다.

특히 트럼프 1.0 시기에 NAFTA를 대체하는 것으로 공표된 USMCA(미국·멕시코·캐나다 협정) 역시, 미국의 무역 적자를 줄이는 데 큰 도움이 되지 않았습니다. USMCA가 공표된 이후에도 미국의 대 멕시코 무역 적자는 2019년 한 해에만 29% 이상 증가했습니다. 자동차 및 자동차 부품 분야에서 제너럴모터스는 인건비, 운송비, 원자재 가공 비용 등의 부담으로 오하이오, 미시간, 메릴랜드의 조립 공장을 폐쇄하고 멕시코에서의 수입을 늘렸습니다. BMW, 메르세데스 벤츠, 인피니티, 기아차 등도 인건비가 상대적으로 저렴한 멕시코 지역에 공장을 늘렸습니다. 여기에 항공우주 등의 분야에서도 많은 기업이 생산시설을 멕시코로 이전했으며, 2019년 멕시코의 항공우주 수출은 10%가량 증가했습니다Krause 2020. USMCA는 이전 버전의 NAFTA에 비해 멕시코인들의 미국 진출을 제한하기는 했지만, 멕시코로의 공장 유입을 막지는 못했습니다.

이득도 없고
이행도 되지 않는
무역전쟁

03

한편 미국이 중국을 대상으로 관세 압박을 시행하면서, 중국은 2017년 미국 상품과 서비스 구매를 미국의 수입 금액 대비 2,000억 달러 증액할 것을 약속한 바 있습니다. 하지만 중국은 이 약속에 대해서는 그대로 이행하지 않았으며, 2019년 중국은 다른 신흥국으로 수출을 늘리며 대(對)세계 무역 흑자는 크게 증가했습니다. 또한 중국은 2018년 3월 이후에는 달러 대비 자국 통화 가치를 10% 인하함으로써 관세 인상에 대한 부담분을 상쇄시키기도 했습니다.

트럼프의 감세 및 관세 정책은 결국 눈 가리고 아웅식이라는 형태로, 기업들이 조세 회피를 하는 도구로 사용되었습니다. 미국 내 다국적 기업들은 대체로 중요 사업 부문(특히 무형자산 부문)만을 미국에

남겨 세금을 절세하고, 실질적인 유형자산·공장 등은 법인세율과 인건비가 낮은 국가로 이전했습니다Setser 2020b. 특히 제약 산업에서 이러한 추세가 확대되었는데, 당시 미국은 의약품 부문에서 대규모 무역 적자를 기록하여 미국의 1등 산업(항공우주)의 무역 흑자까지 갉아먹는 정도가 되었습니다. 화이자의 경우 2007년부터 2016년까지 10년 동안 미국 내에서는 과세소득을 창출하지 않고, 인건비가 상대적으로 저렴한 아일랜드, 독일, 스위스, 인도, 중국 등에 공장을 건설하여 매출을 일으키기도 했습니다.

요약하면 트럼프 1.0 시기의 정책은 경제적으로 효과적인 결과를 만들어 내지 못했습니다. 하지만 트럼프는 2.0 시기에 비효율적인 관세 정책에만 집착할 것을 예고하고 있습니다. 특히 이전의 바이든 정부에서 만들어 낸 신재생에너지 정책을 완전히 뒤바꿀 경우, 그로 인한 부정적 여파도 만만치 않을 것입니다. 실제로 2024년 6월, 트럼프는 공화당 하원의원들에게 바이든-해리스의 EV 정책을 철회하겠다고 언급한 바 있습니다. 트럼프는 대통령 당선 직후 EV 정책 전환을 멈추고, 미국 내 완성차 산업 육성에만 집중할 것을 선언했습니다. 프로젝트 2025(트럼프 행정부의 헤리티지재단이 개발한 정책 프레임워크)에서도 트럼프의 신재생에너지 정책 종료가 실시되면, 향후 5년간 170만 개의 일자리가 소실될 것으로 추정합니다.

트럼프의
두 가지
시나리오

지금까지 살펴본 상황들을 바탕으로 트럼프의 제조업 정책은 두 가지 시나리오로 나누어 생각해 볼 수 있습니다.

첫째, 트럼프 1.0 시기 때의 정책과 선거 캠페인의 언급을 그대로 실행할 경우에는 단기적으로는 전통 에너지 산업의 부흥과 이로 인한 전통 제조업 기업들의 약진이 예상됩니다. 전통 에너지 산업의 부흥은 내수적으로 물가와 기업의 원가 압력을 낮추는 데 크게 기여할 것입니다. 또한 초당적 법안인 인프라 투자 정책을 제정함으로써, 새로운 사회간접자본SOC 및 인프라 투자시장에 활력을 불어넣을 것으로 예상됩니다. 비주택 부문의 투자도 다소 활성화될 것으로 예상됩니다.

하지만 이런 긍정적 효과는 2년이라는 짧은 시간에 그칠 가능성이 크고, 그 이후부터는 그동안 창출된 신재생에너지 관련 일자리의 감소, 관세로 인해 미국 밖 공장으로 이전, 미국의 불공정 무역협정과 이로 인한 보복관세 등으로 미국의 제조업 환경은 다소 악화되어, 과거의 연간 평균 제조업 일자리 16만 명 증가를 하회하는 10만 명 내외 수준에 그칠 것으로 예상됩니다.

둘째, 트럼프가 EV 정책 정책을 일부분만 멈추고, 미국 내의 전통에너지 산업과 제조업 등의 부흥을 꾀하는 경우입니다. 이 경우에는 신재생에너지 관련 산업의 일자리 소실이 최소한으로 방어되고, 전통 제조업 및 인프라 산업에서의 투자가 활성화될 것으로 판단됩니다. 하지만 이 경우에도 미국의 관세 부과와 이로 인한 보복관세 등의 영향으로, 장기적으로 미국 제조업은 연간 10만~16만 명 내외의 일자리만을 창출할 것으로 예상됩니다.

2017년 미국토목학회American Society of Civil Engineers에 따르면, 미국 내 필요한 수리 및 현대화를 위해 10년 동안 4조 6,000억 달러의 인프라 지출이 필요하다고 추정했습니다. 매년 4,000억~5,000억 달러 내외의 예산이 필요하다는 의미인데, 이는 바이든이 제안했던 제조업 R&D 3,000억 달러 투자(제조업에 10년간 총투자는 2조 달러 내외로 제안)보다는 많은 금액이 필요함을 시사합니다.

이 부문에서 트럼프가 인프라 투자 규모 예산을 얼마나 잘 끌어낼

지가 매우 중요합니다. 특히 트럼프가 '제조업 일자리 지키기'를 효과적으로 시행하기 위해서는 외국인 투자 및 생산에 대한 세금 특혜가 필요할 것으로 추정됩니다. 또한 일자리 관련 정책을 세부적으로 고안하는 것도 중요할 것으로 보입니다. 예를 들어 R&D, 교육, 학교-직장 전환, 일자리 창출 프로그램, 확장-확대 부문에 대해 의무적 지출의 일부를 할당하며, 구체적인 외국 수입품의 조항(단계별 조항, 중국 수입품을 막기 위해)이 필요할 것입니다.

■ 낮아지고 있는 미국 제조업 고용인구 비율

출처: Peterson Institute for International Economics

TRUMP

4장

PANIC

트럼프 시대,
연준의 통화 정책

미국은 전 세계 금융의 중심이다. 세계 금융의 향방에 미국의 연방준비제도의 기준 금리가 중대한 영향을 미치는 상황에서, 트럼프가 현재의 연방준비제도와 과연 얼마나 발을 잘 맞출지 많은 사람이 우려를 표한다. 표면적으로 굉장히 즉흥적으로 정책을 발표하고, 시시각각 변화된 태도를 보여주는 트럼프로 인해 금융계가 혼란에 빠지기 쉬워지리라고 생각하기 때문이다. 이번 장에서는 연방준비제도와 트럼프가 앞으로 어떤 행보를 보일지 트럼프가 펼칠 통화 정책을 중심으로 살펴보겠다.

금리는
천천히 내려갈
것이다

아마도 많은 분이 트럼프가 어떤 통화 정책을 펼칠지, 연방준비제도 Fed(연준)와 어떤 관계를 맺을지 궁금해할 것입니다. 4장에서는 트럼프 2.0 시대의 통화 정책에 대해 살펴보겠습니다.

연준은 2024년 9월 기준금리 인하를 기점으로 중·장기 동안 장기 중립금리(3.5% 내외)까지 정상화하려는 노력을 취할 것입니다. 그런데 여기서 말하는 '중립금리로의 정상화' 개념에는 '사전적으로 현재의 디스인플레이션 진행과 성장률 횡보세'가 지속될 것이라는 전제를 바탕으로 합니다. 만일 디스인플레이션의 진행 정도가 더뎌지거나, 성장률의 개선세가 더 빨라진다면 중립금리로의 정상화는 더욱 늦춰질 수 있습니다.

물론 연준의 기준금리 결정은 더 이상 미국의 금융시장과 경제에 유동성을 크게 줄이거나 늘려줄 만큼의 힘은 잃어버린 상황입니다. 즉 기준금리를 통해 달러의 표면금리를 선제적으로 결정해 주는 것에 연준의 역할이 한정되고 있다는 의미입니다. 오히려 유동성 측면에서 환매조건부채권RP 거래(중앙은행의 유동성 투입)와 역RP 거래(상업은행의 유동성 투입) 등이 단기적으로 직접적인 효과를 발휘합니다. RP란 금융기관이 일정 기간이 지난 후 확정금리를 보태 되사는 조건으로 발행한 채권을 중앙은행이 사주는 방식이며, 역RP는 중앙은행이 RP 매각을 통해 시장의 유동성을 흡수하는 것을 말합니다. 중·장기적으로는 개인과 금융기관들의 MMFMoney Market Fund(머니마켓펀드)에 의한 영향력이 커지고 있습니다.

최근 미국의 MMF 규모는 6조 8,000억 달러 내외를 기록하고 있는데, 이 금액은 채권시장의 안정세를 유지하는 데 크게 기여하고 있습니다. 예를 들어 미국 재무부가 예산 조달을 위해 채권을 발행하는 경우를 가정하겠습니다. 통상적으로 역RP 금리에 투자하는 MMF는 재무부의 미 국채 발행 시기에는 미 국채의 이자율이 더욱 높아지므로 미 국채 투자로 전환합니다. 이 경우 발행 부담으로 높아진 미 국채 금리는 다시 안정세를 찾게 됩니다.

또한 연준이 QT(양적축소)를 위해 채권 만기 도래 시 추가 투자하지 않는 경우를 가정하겠습니다. 이 경우에는 채권 만기 도래에 따른 유동성 회수의 부담으로 시장의 채권금리는 상승하기 마련입니다.

이 경우에도 MMF는 이자율이 다소 높아진 국채 등에 투자함으로써 시장금리를 안정화하는 기능을 발휘합니다.

결국 MMF는 전 세계 자본주의 국가들이 모두 소유하고 있는 단기 자금 펀드의 형태지만, 미국의 MMF는 채권시장을 완화하고 안정시킬 정도로 영향력이 막대합니다. 이러한 MMF에서 60~70% 이상의 자금은 미국 상업은행들에서 공급되며, 그만큼 미국의 금융시장에서는 연준과 재무부 외에도 상업은행들의 역할이 커지고 있습니다.

다시 말해, 현재의 미국 금융의 구조는 '정부 → 가계 → 기업 → 정부'의 선순환이라기보다는 '정부·연준 → 가계·상업은행'으로 매우 단순화된 형태라고 볼 수 있습니다. 즉 화폐 발권력을 근간으로 가계와 금융기관에 충분한 유동성을 투입하여 전체 미국 경제가 지속되는 구조입니다.

그런데 만일 이러한 구조에서 정부가 가계에 대한 유동성 지원을 축소할 경우, 일시적으로는 정부의 재정이 완화될 수 있으나 구조적으로는 가계의 소비가 크게 급감하고 저축률이 상승할 것입니다. 즉 이러한 미국 경제의 구조적 맹점을 알고 있는 트럼프 행정부의 입장에서는 정부(재정 투입을 통해), 연준(발권을 통해), 상업은행(대출을 통해)은 모두 힘을 보태어 지속적으로 가계가 소비하도록 촉진할 것입니다. 이는 마치 멈출 수 없는 '회전목마'와 같은 형태입니다.

한편, 2025년 이후 미국의 통화 정책 방향을 예상해 보면 다음과 같습니다. 우선 단기적으로는 트럼프의 TCJA로 인해 연방정부의 상설 일자리 창출 프로그램이 가동되면서 미국의 실업률은 크게 증가하지는 않을 것으로 예상됩니다. 결국 단기적으로는 미국 실업률이 4% 이하로 다시 하락할 가능성도 존재하며, GDP 성장률은 2% 내외 수준을 이어갈 것으로 판단됩니다.

물론 최근 들어 급진적으로 증가하는 노동자들의 노동시장 내 마찰적 실업(초기 구직활동을 하는 노동자들이 제때 취업하지 못해 실업으로 전환)으로 인해, 실업률이 다소 변동할 위험은 존재합니다. 하지만 이러한 현상은 일시적일 가능성이 크며, 단기간 내에 구조적인 노동시장의 변화까지 일으키지는 않을 것이라는 의미입니다.

2023~2024년에 들어, 미국의 노동시장은 여성 근로자들의 일자리 복귀, 이민 유입자들의 증대 등으로 노동시장의 수요와 공급의 불일치가 완화되어 가고 있습니다. 즉 2023년 이전까지는 노동자의 공급이 상당히 적었기 때문에, 기업은 구인이 어려웠습니다. 이에 노동시장에서 임금이 오르면서 기업들은 채용에 애로사항이 많았습니다. 하지만 2024년부터는 구직활동을 포기했던 인력들이 노동시장으로 재유입됨으로써, 일시적 노동자 공급의 우위와 이에 따른 일시적 실업(구직 활동자가 바로 취업하지 못함으로 인해)이 발생했습니다.

최근 거론되었던 '샴의 법칙(3개월 평균 실업률이 12개월 최저치 대비 0.5%p 상승 시 경기 침체 예고)'은 과거 경제활동 참가율이 안정적(꾸준히 많은 사람이 구직활동을 지속)일 때 적용 가능한 지표였습니다. 하지만 최근처럼 일시적인 노동 공급 증대와 경제활동 참가율의 상승이 동반하여 나타나는 시점에서는 언제든 샴의 지수는 상승할 수 있습니다. 즉 노동자들이 대거 시장에 유입되면서 일시적으로 실업률이 상승하는 일종의 '마찰적 실업'인 것입니다. 이는 경기 침체 시에 나타나는 실업률 상승과는 차별화되며, 경제가 안정화되어 있어도 '마찰적 실업'은 언제든지 상승할 가능성은 존재합니다.

결국 연준은 기준금리를 완만하게 인하할 것이지만 이처럼 다양한 유동성 수단, 생각보다 좋은 미국 경기 등으로 인하 속도는 예상보다 느릴 것으로 판단됩니다. 이에 대해 트럼프 대통령은 강한 불만을 표출하겠지만 여전히 미국이 나홀로 성장을 보여주는 상황에서 연준은 속도 조절을 할 수밖에 없을 것입니다.

미국 경제
단기 호황 온다

미국 가계의 구조적인 재무 상황만 놓고 볼 때도 연준이 단기간 내에 경기침체를 우려하여 기준금리를 빠르게 내릴 이유는 적습니다. 미국 가계의 경우, 부채 상환 부담은 낮고 자산은 증가하고 있습니다. 또한 노동시장에서 영구 실직자의 수가 낮은 상태를 지속하고 있어, 가계의 소득 기반이 약화될 가능성도 매우 작습니다. 트럼프 행정부가 새로운 예산안을 바탕으로 우선적으로 인프라 투자에 집중할 경우, 단기적으로 제조업의 일자리가 증가할 수도 있기에 더욱 그렇습니다. 특히 트럼프 행정부는 전통 에너지 및 제조업 육성을 위해 연방정부의 재량 지출을 상당 수준 증액시킬 것으로 보입니다. 물론 앞서 살펴봤듯 장기적으로는 관세의 여파로 제조업 고용이 다소 감소하겠지만요.

전체적으로 미국 경제를 볼 때 최근의 에너지 가격 하락, 시장금리 안정화 가능성, 상품 재고 사이클 축소 등으로 인해 비즈니스 사이클도 최저 지점을 다지며 완만히 상승할 가능성이 존재합니다. 특히 제조업의 생산성 향상이 이루어지면 경제가 구조적으로 개선될 가능성도 커집니다. 미국 정부의 AI 관련 육성 정책의 수준과 정책의 종류는 전 세계에서 가장 수준이 높은 것으로 나타나며, 이는 향후 수년에 걸쳐 AI의 제조업 접목으로 생산성이 더욱 개선될 가능성이 있음을 시사합니다.

물가도 당분간 더 낮아질 것으로 보입니다. 트럼프 대통령 2.0의 에너지 정책은 전 세계에서 가장 저렴한 가격으로 전기와 에너지를 미국 내에 공급하는 것을 목표로 하고 있습니다. 트럼프 대통령은 대선 캠페인에서 "미국을 세계 최대의 석유 및 천연가스 생산국으로 만들며, 미국의 에너지 독립을 달성하고 저렴한 비용으로 석유, 가스, 디젤 및 전기를 소비자와 기업에 제공하겠다"라고 언급했습니다. 특히 사우디의 비달러 통화 결제 허용에 대응하여, 트럼프 대통령은 비트코인까지 활용하여 에너지 결제와 에너지 지배력을 갖겠다고 언급했습니다. 구체적으로 트럼프 대통령은 석유, 천연가스, 청정 석탄 규제 완화, 송유관 연결, 연방정부의 토지·연안 지역 개방, 파리기후협약 탈퇴 등을 공언했습니다. 즉 미국 내 에너지 생산의 족쇄를 풀고 휘발유, 경유, 천연가스 가격을 낮추어 전 세계에 걸쳐 에너지 안보를 촉진할 것을 다짐한 것이죠. 이는 전 세계 에너지 가격이 미국의 주도하에 하락하는 현상으로 이어질 것이며, 연준이 점진적으로 금리를 인하하는 데 큰 무리가 없을 것으로 판단됩니다.

장기적으로는 미국의 잠재 GDP도 상향될 수 있습니다. AI 접목으로 생산성이 개선되면 일부 직종의 경우 일자리 수가 감소할 수는 있지만, 전체적으로는 1인당 GDP의 증가와 기업의 이익 개선 등으로 전반적인 명목임금은 상승할 가능성이 큽니다(제조업의 경우 명목임금 상승률은 3% 중반대 내외).

결국 현재까지의 미국 제조업 사이클 상황, 생산성 개선 속도, 경제적 효율성의 개선, 그리고 향후 트럼프 행정부에서 지출할 인프라 투자 관련 예산 및 일자리 창출 프로그램 등을 종합했을 때, 2025년 이후 미국의 고용시장은 다음과 같은 특성을 보일 것으로 판단됩니다.

첫째, 전체적인 노동시장의 과열(수요 우위)이 안정화되는 가운데 서비스업 부문 일자리 증가세는 정체될 가능성이 큽니다. 둘째, 하지만 정부 관련 일자리 수가 증가하고 인프라 투자 관련 구인이 늘어남으로써 2025~2026년 내 비농업 고용은 매월 10만~18만 명 내외의 증가세를 이어갈 것으로 판단됩니다. 셋째, 이러한 노동시장 환경에서 미국의 연간 실질 GDP 증가율도 1.8~2.2% 내외는 유지될 전망입니다. 넷째, 결론적으로 단기적으로 물가는 낮고 경제는 좋은 골디락스가 될 것으로 기대됩니다.

실제로 옥스퍼드의 자료에 따르면 해리스보다 트럼프가 대통령이 되었을 경우가 1~2년간은 미국 경제가 호황을 보일 가능성이 더 높게 나타났습니다. 물론 트럼프 정권 후기로 갈수록 관세 정책의 영향력으로 안 좋아질 가능성은 상존합니다.

■ **미국 확률 가중 실질 GDP**

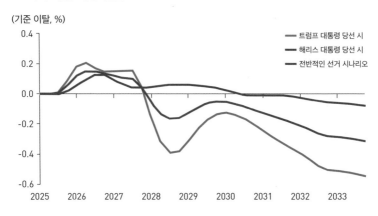

출처: Oxford Economics

의외로
파월과 트럼프는
잘 맞는다

결국 미국 가계의 재무적 구조와 소득 기반이 양호한 상태가 지속된다면, 사실상 연준이 급격하게 기준금리를 인하할 이유는 없습니다. 게다가 월간 비농업 고용 건수가 10만 명 내외로 유지되고, 연간 실질 GDP 증가율도 1.8~2.2%가 유지될 경우 기준금리 정상화의 명분도 약해질 것입니다. 특히 트럼프 정부는 신 예산안을 바탕으로 연간 최소 7조 달러에 이르는 규모로 재정 지출을 할 것으로 보이기 때문에, 단기간 내에 미국 경기 약화에 대해 걱정할 이유도 크게 없습니다. 2023년 미국 가계의 원천별 소득 비중을 고려할 때, 트럼프는 개인 소비 증대를 위해 과감한 재정 지출(이전 지출)을 시행할 가능성이 큽니다.

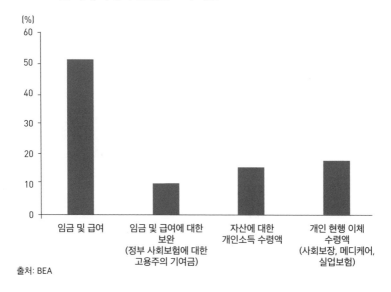

■ **2023년 미국 가계의 원천별 소득 비중**

(%)

- 임금 및 급여
- 임금 및 급여에 대한 보완 (정부 사회보험에 대한 고용주의 기여금)
- 자산에 대한 개인소득 수령액
- 개인 현행 이체 수령액 (사회보장, 메디케어, 실업보험)

출처: BEA

　연준이 '성장'과 '물가'의 양 측면에서 통화 정책을 고려할 때, 이와 같은 경제 시나리오가 현실화되면 기준금리의 인하에 그렇게 큰 어려움을 겪지 않을 것입니다. 연준의 주요 내부 인사들이 3% 중반대 수준을 중립금리로 상정했고, 이미 기준금리는 5.5%(상단 기준)를 정점으로 '정상화'의 추세로 전환되고 있습니다.

　또한 연준은 중·저소득 계층에 대한 상업은행의 대출 경색, 기업을 대상으로 한 상업은행의 대출 및 리스 기준 강화 등을 우려하여 기준금리 인하에 노력할 수 있습니다.

이미 파월 의장은 2024년 12월 기준금리 인하의 명분으로 '현재의 경기가 약해서가 아니라, 노동시장 중심으로 침체의 우려가 존재'하는 것을 언급한 바 있습니다. 여기에 트럼프 역시 현재의 파월 의장 기조에 큰 불만을 보이지 않으며, 임기 보장 가능성을 언급했습니다.

결국 2025년 이후 연준은 기준금리를 매우 완만히 인하하면서, 시장금리가 선행적으로 빠르게 상승하지 않도록 하는 '방어적 기준금리 인하 정책'을 보여줄 가능성이 큽니다. 방어적 기준금리 인하는 이미 금리 인하를 예견하고 낮아진 시장금리와 고금리에도 충분히 공급되었던 유동성 환경 등을 고려하여 기준금리 인하가 추가적으로 시장 유동성 확대를 촉진하지 않는 방향으로 이루어지는 정책입니다. 즉 기준금리를 인하하면서도 단기 유동성과 직결되는 'RP 매입'은 최소화하든지, 아니면 상업은행의 지급준비금을 충분히 흡수하여 과도한 대출을 방지하는 식의 정책이 동반될 수 있습니다. 또한 일시적으로 채권 발행량을 늘림으로써, MMF의 유동성을 통제하는 등의 방식도 동시에 이루어질 수 있을 것입니다.

물론 중국을 비롯한 주요 원자재 국가를 대상으로 한 수입 관세가 지속되면 1~2년 이후부터는 원자재 가공품, 2차 제조업 상품 등을 중심으로 가격 상승세가 확대될 가능성이 존재합니다.

관세 부과에 따른 물가 상승 압력의 내용은 이후 8장에서 상세히 다루겠습니다.

TRUMP

5장

PANIC

닉슨 따라쟁이 트럼프의 예견된 금융 정책

트럼프가 표방하는 '자국 우선주의'라는 동전을 뒤집어 뒷면을 보게 되면 '미국의 좋지 않은 재정 상황'이라는 진실이 담겨 있다. 트럼프의 과격한 발언과 행동 이면에는 오랫동안 누적된 무역 적자로 인한 재정 위기를 타파해야 한다는 미국의 간절함이 숨어 있는 것이다. 이번 장에서는 트럼프가 과거 닉슨의 정책을 따라 함으로써 얻고자 하는 바가 무엇인지 살펴보고, 과연 트럼프 2.0 행정부가 미국의 무역 적자를 해결하고, 미국의 바람대로 미국으로 자본을 집약시킬 수 있을지 그 가능성에 대해 알아보도록 하겠다.

미국인에게 트럼프는 사랑스러운 지도자다

트럼프는 2010년대 이후로 미국의 우선주의를 확대한 '이기적인' 지도자로 인식되고 있습니다. 그런데 달리 생각하면 미국인 입장에서는 '사랑스러운' 지도자입니다. 타 국가의 입장에서 미국의 자국 우선주의는 매우 이기적으로 보일 수 있지만, 반대로 미국인들의 입장에서는 국민을 진정으로 사랑하는 '리더'로 인식될 수 있습니다. 트럼프는 2기 행정부에서도 1기 시절과 같이 미국인들만을 위한 '닉슨식 금융 정책'을 다시 한번 펼칠 가능성이 큽니다. 그 효과가 지속될지는 의문이지만요. 그럼 '닉슨식 정책'이 무엇인지 살펴보겠습니다.

1819년 영국은 화폐를 금과 교환하는 방식의 '금본위제'를 채택한 바 있습니다. 영국의 금본위제를 기점으로 독일, 프랑스, 미국 등이 금본위제를 시행했는데 제1차 세계대전 이후 전쟁 자금을 마련하기

버거웠던 영국이 1914년에 금본위제를 포기하게 되었습니다. 미국 역시 1933년에 금본위제를 폐지했습니다.

하지만 금의 활용도를 높이고, 전 세계 교역을 촉진하여 성장을 이루려는 공통된 목표를 지닌 주요국들은 다시 금본위제로의 전환에 집중했습니다. 이에 1944년 국제통화기금IMF과 국제부흥개발은행 IBRD은 금 1온스를 35달러에 고정시키는 금본위제, 소위 '브레튼우즈 체제'를 채택했습니다. 당시 미국은 전 세계 금의 74%를 보유한 상황이었는데, 이 시점을 계기로 달러화는 전 세계 무역 거래와 대외 지급준비금 등으로 사용되는 '국제 준비통화'로서의 지위를 굳히게 됩니다.

이를 계기로 달러는 금과 연동한 가치로 책정되는 국제 화폐로 인식되고, 여타의 국가들은 달러에 폐깅하는 고정환율 제도를 안착시켰습니다. 이른바 미국 달러를 중심으로 모든 국가의 화폐 가치가 실물자산(금)에 연동되는 '관리주의적 환율·금융 시스템'을 도입한 것입니다. 브레튼우즈 체제하에서는 고정 패리티parity 시스템 운영이 가장 본질이었습니다.

그런데 미국은 달러화의 가치가 자국이 보유한 금과 연동된다는 규정을 벗어나 달러가 필요한 곳에 무분별하게 발권하고 공급했습니다. 미국 내의 투자, 사회보장제도를 위한 재정 지출, 정치적 교섭(공산화 방지)을 위한 달러 공급, 베트남전에서의 과도한 달러 투입 등 무분별하게 행동한 것입니다. 과도한 달러 공급으로 먼저 미국 내부에서부터 인플레이션이 가속화되었고, 미국의 무역 적자 확대로 스태그플레이션 위험까지 부추겼습니다. 당시 미국 정부는 무역 적자부터 모면하기 위해 달러 가치 하락을 유도하기 위해 노력했습니다.

이를 위해 미국은 무역 흑자국이었던 일본과 독일에 대해 각국의 통화 가치를 높이는 '절상' 정책을 요구했습니다. 이때를 기준으로 달러 가치의 하락이 시작되었습니다. 보유한 달러의 가치가 급락하는 것을 우려한 주요국들은 미국에게 달러를 금으로 교환해 달라고 요청했습니다. 이미 금의 준비금 규모가 축소되었던 미국은 1971년 8월 15일 닉슨 대통령이 긴급성명을 통해 "달러와 금을 교환하는 요구에 응하지 않겠다"라는 '금태환 정지'를 선언했습니다. 동시에 닉슨 대통령은 주요 수출국, 즉 일본과 독일의 가격 경쟁력을 약화하기 위해 10%의 수입 관세 정책도 선언했습니다. 전 지구적으로 보았을 땐 자국만 위하는 굉장히 이기적인 행동이었지요.

그리고 트럼프는 자신의 집무실에 닉슨의 편지를 걸어둔다고 말한 바 있습니다. 1기 시절에도 닉슨의 정책을 답습했고 재선에 이르기까지의 과정을 보았을 때 '트럼프 2.0' 시기에도 이런 모습이 이어질 것이 분명합니다. 때문에 트럼프를 잘 이해하기 위해서는 닉슨의 대표적인 행적인 금태환 정지와 이것이 세계 경제에 미친 영향에 대해 알아볼 필요가 있습니다.

'달러 슈퍼파워'의
길을 걸었던 미국

닉슨의 금태환 정지 선언은 어떤 의미이며 이후 달러가 어떤 과정을 통해 패권을 가지게 되었는지 살펴봅시다. 미국이 달러와 금의 가치를 연동하는 브레튼우즈 체제를 포기한 만큼, 다른 나라들도 자국의 통화 가치를 미국 달러화에 고정하는 '고정환율제'를 고수하는 것이 의미 없어졌습니다. 당시 일본은 즉각적으로 엔화 환율을 변동환율 제도로 전환하겠다고 선언했고, 이 시점을 기준으로 엔화의 가치는 달러화 대비 7% 이상 상승했습니다. 그리고 1971년 12월 18일 10개국 재무장관들이 미국 스미소니언 협회에 모여 '금본위제 대신 달러 본위제, 즉 주요국 통화가 달러에 기준해 변동하는 변동환율제'에 합의했습니다.

이렇게 탄생한 스미소니언 체제는 미국이 스스로 만든 브레튼우즈 체제를 미국 스스로의 과오로 포기함으로써 출범한 독단적인 정책이라고 할 수 있습니다. 미국은 자국 경제의 미비된 부문 때문에 주요국들에게 스미소니언 체제를 받아들이도록 강요했지만, 다른 나라들은 이를 거스를 뚜렷한 묘안이 없었습니다.

여전히 미국은 당시에도 가장 큰 무역국, 즉 다른 나라들의 제품을 많이 수입하는 국가였기 때문에 미국의 환율체계를 따르지 않으면서 교역할 수는 없었습니다. 또한 이미 1960년대 이후 자국 기업에 대한 자본 투자 등을 포함해 국제 교역을 바탕으로 기업들의 자본이 이동이 시작되었기 때문에 주요 국가들은 달러 본위 체제일지라도 '자본 유입'에 따른 혜택을 놓칠 수 없었습니다. 게다가 당시에는 소련의 국제적 영향력이 매우 컸던 상황이었기 때문에 이를 방어하기 위해서는 미국 체제에 계속 잔류할 수밖에 없었던 것입니다.

IMF는 이러한 스미소니언 체제를 인정하면서도 전 세계 환율 제도의 건전한 운영을 위해 '적정한 국제 준비금의 규모, 복수 통화 바스켓을 기반으로 한 특별 인출권SDR' 등에 대한 기준을 마련하면서 국제적 환율·금융 시스템 변화에 따른 대응책들을 제정했습니다. 결국 전 세계 주요국과 IMF 등은 미국 재무부의 신용을 기반으로 달러를 신용화폐로 공공연히 인정하는 체계를 구축하게 된 것입니다. 그리고 동 시점부터 지금까지 달러는 준비화폐, 매개화폐, 무역화폐, 자금조달화폐로 자리 잡아 온 것입니다.

신용화폐로서 달러의 정체성이 강화되면서 미국의 재정 적자는 서서히 당연한 것으로 인식되었습니다. 1970년대 이전까지는 미국도 재정 적자를 회피해야 한다는 강력한 내국 규정이 존재했지만, 레이건 정부 시절 재정 적자가 과다하게 발생했음에도 불구하고 미국 재무부가 보증하는 달러의 국제적 공급만 있으면 '모든 것이 허용 가능하다'라는 식으로 미국의 적자를 당위적으로 생각했습니다. 이러한 시기를 거치면서 미국은 달러를 교역을 위한 화폐로 사용하기보다는 '국제 금융 거래 기반의 화폐'로서 달러의 지위를 높이는 데 주력했습니다.

미국은 1980년대 이후부터 달러의 패권 기능을 강화하면서 자국의 무역 금융뿐만 아니라, 다른 나라들의 무역신용, 금융신용 공급 등에 집중했습니다. 신흥 수출국들은 당연히 이 시스템에서 탄력적이고 광범위한 무역신용(당장에 수취하지 못하는 수출어음 등에 대한 보완적 금융 상품으로)을 적극 활용하였고, 이를 통해 글로벌 교역 시장에서의 달러의 신용은 절대적인 수준으로 증가했습니다. 특히 전 세계 국가들의 교역 규모에 비해 급격히 성장한 자산의 비율을 살펴보면, 달러 주도의 금융이 실물(실제 교역) 대비 얼마나 큰 파생적 효과를 창출하는지 확인할 수 있습니다.

이는 미국 정부가 일정한 수준의 실물 교역만 밑받침되면 제2, 제3의 신용 및 금융 자산화가 가능하다(달러화 기반의 매출 증권 등)는 교훈을 깨닫고, 인위적으로 증권화를 시도했기 때문입니다. 당시 각국 중앙은행 사이를 중재하는 국제결제은행BIS의 바젤위원회 등의 많은 집단에서 세계 경제의 과도한 금융화가 위험하다는 경고성 언급을 하기도 했습니다. 하지만 전 세계 수출 국가들의 입장에서는 이 시기를 기점으로 많은 수출 신장이 이루어지고, 이를 대가로 달러화 자산을 수취할 수 있어 달러화의 신용 확대 분위기에 그대로 편승했습니다.

변동환율 제도하에서 다양한 주체자들 간의 다자간 무역 자유화 협상은 계속되었고, 미국은 도쿄(1973~1979년), 우루과이(1986~1994년) 라운드를 결성했습니다. 또한 미국을 중심으로 캐나다, 멕시코가 북미자유무역협정NAFTA을 출범하고, 동시에 중국은 세계무역기구WTO에 가입하며 포괄적 무엽 협정의 포석을 갖추었습니다.

그 과정에서 전 세계의 경제적·금융적 프레임은 '경제적 포용, 민주주의, 신자유주의, 초세계화'의 미명하에 모든 국제적 거래와 교역이 존중되어야 한다는 식으로 규정되었습니다. 이 과정에서 브릭스BRICS(2000년대를 전후하여 빠른 성장세를 보인 브라질, 러시아, 인도, 중국, 남아프리카 공화국 등 5개국을 지칭하는 용어)라는 신흥국 경제권역이 성장하게 되고, 인구 성장세가 높았던 중국은 '세계의 공장'으로서의 역할을 담당해 왔습니다.

이상의 내용을 요약하면 다음과 같습니다. 미국은 스스로 만든 브레튼우즈 체제를 경제적 운영의 과오로 인해 스스로 깨뜨렸습니다. 이후 새로운 방식의 환율의 변동과 금융자본의 이동을 허용하는 스미소니언 체제를 내세우며, 국제적 교역·금융의 질서(IMF도 창설)를 구축했습니다. 이 시기를 기점으로 미국은 자국의 경쟁력이 있는 금융화에 집중했고, 다른 국가들은 전 세계적 달러 신용을 바탕으로 수출하며 성장을 도모했습니다. 결국 2000년 초반대까지 전 세계 교역과 금융의 질서는 미국이 스스로 만들고, 다른 국가들은 이에 부합하는 정도로만 이루어져 왔습니다. 미국은 실물경제보다는 달러의 신용화 기능에 집중했습니다. 달러로 채무를 담보하거나, 달러로 무역 신용을 제공하거나, 달러로 금융적 거래를 주도하는 등 패권적 기능을 강화한 것입니다.

트럼프도
해결할 수 없는
미국의 무역 적자

현재 미국은 스스로 만든 달러의 금융적 기능 강화로 인해 제조업과 수출 산업 등에서 경쟁력을 갖지 못하자, 이를 다른 국가의 불공정 거래 탓으로 돌리며 비난하고 있습니다. 특히 달러의 패권으로 생긴 '달러화 가치 상승과 여타 통화의 약세'를 다른 국가들의 부적정한 환율 개입으로 인해 만들어진 불공정한 금융 현상으로 치부하고 있습니다.

트럼프는 2.0 시기에도 '환율 조작국을 겨냥하는 재무부의 환율 보고서'를 적극 활용하여, 주요국들의 불공정 정책들에 대해 비난하고 관세 부과를 정당화할 것입니다. 트럼프는 1.0 때 본국과 인접한 국가로 산업을 이전하는 니어쇼어링Nearshoring과 우방국으로 이전하는 프렌드쇼어링Friendshoring을 주장했지만 서서히 리쇼어링으로 선회했는데 2.0 때는 미국 중심의 리쇼어링 정책을 발표함과 동시에, 중국에 대한 금융 제재를 지속할 것입니다. 한편 미국이 중국을 겨냥한 금융 공격을 강화하는 동안, 중국은 중·저소득 국가를 포용하는 경제권역의 비전과 자국의 리더십 구축에 심혈을 기울일 것으로 보입니다.

중국은 트럼프 대통령의 제재에 맞대응으로 BRICS만의 통화 체제, 양자투자협정, RCEP(역내포괄적경제동반자협정) 등에서의 금융 및 무역의 지배력을 높일 가능성이 큽니다. 이러한 노력은 결국 미국을 다시 자극하고, 미국은 중국에게 불공정 거래라고 비난하며 관세 장벽을 보다 강화할 가능성이 큽니다. 그리고 이러한 가운데 트럼프 주도의 우선주의에 대한 비난론도 거세질 것으로 보입니다.

만일 트럼프가 환율 조작을 근거로 다른 나라들에게 관세를 지속적으로 부과하거나, 혹은 미국 수출을 증대시키기 위해 달러 약세 정책을 고수한다면 미국의 경제와 제조업 부문은 개선될 가능성이 있을까요? 다음의 분석을 본다면, 트럼프의 어떠한 정책도 효과를 보지 못할 것임을 확인할 수 있습니다. 설령 '닉슨 정책과 유사한 과격한 환율·금융 정책'을 시행하더라도 말이죠.

미국 무역 적자의 만성화는 경제 주체자들의 저축 및 투자 행태에 따른 결과물입니다. 기본적으로 미국은 민간의 저축이 투자보다 많습니다. 즉 민간은 소비하고 남는 금액을 저축하는데, 그 저축액이

투자보다 많다는 의미입니다. 다시 말해 미국은 항상 '과잉 저축'과
이에 부수되는 '과잉 소비' 현상이 존재해 왔습니다.

아시아 금융 위기가 발생했던 1998~2001년 시기의 사례를 살펴
보겠습니다. 당시 수출국 역할을 해 왔던 아시아 경제권은 순식간에
채무 불이행으로 인한 금융 위기를 경험했고, 이에 달러가 안전자산
으로 떠오르게 됩니다. 당시 달러 강세로 인해 미국인 입장에서는 수
입 가격이 저렴해지고, 이에 수입이 수출보다 증가하면서 무역 적자
가 형성됩니다.

미국의 '과잉 저축'이 만드는 새로운 균형이 있는데, 이는 미국의
저축(해외 투자로 인한 저축도 포함)이 증가하면서 항상 달러는 무역 조건
에서 만들어지는 가치보다 높게 형성된다는 것입니다. 결국 높은 달
러 가치는 미국의 무역수지를 만성적인 적자로 만드는 주요한 요인
이 됩니다.

이후 미국의 무역 적자는 1998년부터 2008년까지 증가하다가
2010년대 초에 축소되었습니다. 하지만 아시아 금융 위기를 겪은 세
계 중앙은행들은 외환 보유액 포트폴리오에서 미국 재무부 채권과
달러를 높은 비중으로 매수했습니다. 이에 미국의 금융수지는 흑자
(미국으로의 유입이 유출보다 많은)가 지속되면서 달러는 여전히 강세를
보이게 되었습니다.

결국 미국 내의 과잉 저축에 더해 전 세계의 저축 금액들은 민간과
공공 부문을 막론하고 모두 다시 미국으로 유입되는 경향성이 일반

화되었고, 이에 달러는 무역으로 형성될 가치에 비해 항상 높은 수준을 유지하게 된 셈입니다. 본래 자율 변동환율제에서는 한 국가의 무역수지 적자는 해당 국가의 통화 약세를 만들고, 이는 다음 기의 수출 물량 증대로 인해 통화 가치가 정상 수준으로 회귀하는 것이 일반적인데 말이죠.

매튜 클라인Matthew Klein과 마이클 페티스Michael Pettis(2020, 2014) 역시 "미국의 경상수지 적자가 지속되는 것은 해외의 과도한 저축과 이러한 과도한 저축을 흡수하는 미국의 역할 때문이다"라고 언급합니다.

즉 미국의 무역 적자를 조정할 정도로 달러 가치가 하락할 만하면, 미국 내 금융수지의 과다한 흑자로 수출이 개선될 여지 없이 항상 수입액이 늘어나는 것입니다. 게다가 브레튼우즈 체제에서는 무역에 의한 유동성 순환이 주로 이루어졌기 때문에 전 세계의 과잉 저축이 발생할 여지도 적었지만, 현재 과잉 저축은 미국만이 아닌 전 세계에서 발생하는 공통적 사항이므로 이 과잉 저축액들이 미국 금융수지를 보다 더 크게 흑자로 만듭니다. 결국 미국은 신용화폐로의 기능을 굳히면서 미국 재무부 채권은 전 세계가 반드시 보유해야 하는 의무 준비자산이 되었고, 미국의 가계는 비싼 달러로 해외의 상품을 충분히 소비하게 된 것입니다.

요약하면, 결국 달러의 과잉 수요가 미국 무역적자에 기본적인 동인으로 작용한다는 의미입니다. 기타 통화 대비 고평가 여부를 판단

■ 미국 달러의 명목·실질실효환율

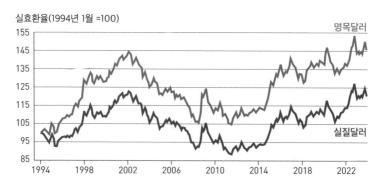

실효환율(1994년 1월 =100)

출처: en.macromicro.me

하는 지표인 달러의 명목실효환율과 실질실효환율을 그림으로 살펴
보면 대부분의 기간 동안 달러는 100 이상의 고평가 수준을 유지해
왔습니다.

　달러는 1990년대 중반부터 상승하기 시작하여 2002년까지 지속
적으로 강세를 보이는데, 이는 당시 유입된 외국의 투자(미국 외의 과
잉 저축에서 유입된 자본) 증가에 기인합니다. 하지만 그 이후부터는 미
국의 경상수지 적자 규모와 무관하게 달러는 상승과 하락을 오가며
경상수지는 만성화되고, 달러 가치와 무관해지는 현상이 강화됩니
다. 1997~2009년 기간 동안 미국 경상수지·GDP 비율과 달러의 명목
환율의 변화를 살펴보겠습니다. 1997년~2002년 사이에 달러가 20%
상승하면서 미국의 경상적자·GDP 비율은 10%p 가까이 증가합니다.

2002~2006년에는 달러가 14% 하락했지만, 미국의 경상적자·GDP는 1.7%p 증가했습니다. 이는 결국 '이제는 달러가 아무리 하락해도 정도의 차이만 있을 뿐, 무역 적자는 지속된다'라는 사실을 시사합니다. 즉 고질병이 된 무역 적자를 달러 약세를 통해 해소하겠다는 미국의 의도가 쉽게 이뤄질 수 없다는 의미이기도 합니다.

트럼프는
아주 힘들게
달러 약세를
만들 것이다

2002~2006년부터 미국의 경상수지 적자가 구조적으로 안착된 원인을 좀 더 살펴보겠습니다. 우선 달러화 강세가 자리 잡기 시작하면서 미국의 제조업 경쟁력이 약화되기 시작했습니다. 즉 경상수지 적자가 발생하는 경우, 국가 내의 기업 중에서 경쟁력이 없는 기업은 쇠퇴하거나 구조조정 되기 마련입니다.

하지만 미국의 경우 정부의 금융수지 흑자 기조로 민간의 저축액이 풍부하고, 이에 제조업 기업들에게 항상 돈이 공급되었습니다. 내부적으로는 투자금으로 버티지만, 외부 기업들과 경쟁해서는 가격이 너무 비싸거나, 채산성이 안 좋은 현상이 이어지는 것입니다. 다시 말해 '경상수지 적자 → 통화 약세 → 자체적인 기업 구조조정 → 경쟁력 있는 기업군 위주로 재편성 → 통화 약세에 따른 기업 채산성

증가 → 경쟁력 있는 기업의 대외 수출 증가 → 경상수지 흑자 개선'
등으로 순환적 구조를 보이는 것이 일반적인 제조업의 사례입니다.
하지만 미국은 '금융수지 흑자 → 제조업 기업 구조조정 지연 → 소비
(수입) 확대 → 경상수지 적자'가 완전히 자리 잡은 것입니다.

즉 미국은 인위적인 금융수지 흑자로 인해 자체적인 구조조정은
이루어지지 않고, 오히려 경쟁력이 낮은 기업에게로까지 투자가 확
산되며 비효율성이 지속된 것입니다. 쉽게 말해 될 만한 기업만 집중
적으로 살리지 못하고, 모든 기업이 영업을 하면서 대외 기업들과 비
교한 경쟁력은 쇠퇴만 하는 식입니다. 항공 및 반도체와 같은 특정
성장 산업을 제외하면 의류, 섬유, 목재, 종이, 플라스틱 제조, 금속
가공, 운송장비 제조, 가구 제조, 프린팅 산업 등 미국 제조업은 상당
기간 큰 효율성을 보이지 못했습니다.

미국의 인위적인 금융수지 흑자가 지속되는 동안, 미국 달러 상승
에 의한 가계의 구매력은 증대되었고, 중국으로부터의 수입이 증가
하면서 중국 경상수지 흑자가 급증하기 시작했습니다. 중국의 미국
대상 수출 급증과 미국 제조업의 고용 비율 하락은 동시에 나타났습
니다. 이후 달러 가치가 하락하는 구간이 존재하기는 했지만, 미국
민간의 지출 규모는 꾸준히 증가하면서 무역수지 적자는 장기적으로
지속됩니다. 즉 최초에는 미국의 무역수지 적자가 달러 강세의 영향
을 크게 받았지만, 그 이후에는 '달러의 불균형적 가치, 미국 제조업

의 상대적 경쟁력 약화, 중국의 제조업 채산성 확대' 등으로 미국 무역수지는 고정 변수화되었습니다.

한편 미국의 부동산 버블 붕괴가 발생했던 2007년에는 인위적인 금융수지 흑자가 소비의 버블을 초래하고, 이것이 미국 무역수지의 적자를 크게 초래한 사례도 존재합니다. 2006~2007년까지 미국 경제는 저금리와 상업은행들의 공격적 대출로 인해 주택가격과 주가가 크게 상승했습니다. 또한 이 시기 동안에는 달러 약세가 지속되면서 과잉 소비가 발생했습니다. 소비와 세금을 제외한 저축과 투자 부문을 살펴봤을 때 소비가 많고 저축보다 투자가 많아, 소비와 투자가 함께 과잉 증가했습니다.

달러가 약세인 시기였지만, 미국 내수에 과하게 풀린 달러 유동성은 내수 소비의 과잉과 외부 지출, 특히 원자재 지출을 크게 증가시키면서 무역수지를 적자로 만들었습니다. 주택가격은 물론 주식가격과 소비가 크게 상승했고 달러가 약세를 보였습니다. 특히 이 시기에는 미국 내 전반적인 소비가 늘어나면서 경쟁 상품 중에서 저렴한 중국 수입품을 수입하는 현상이 강화되었습니다.

이후 2007년 12월 미국의 경기 침체가 발생하면서, 글로벌 금융위기와 함께 달러가 급등했습니다. 이 시기에는 미국으로의 금융수지 흑자 규모가 그전보다 작았고, 이에 미국의 달러 상승에도 소비 여력이 약화하면서 무역수지 적자 규모는 다소 감소했습니다. 다만 동 시기에도 이전에 지속되었던 무역 적자세는 여전히 이어졌습니다.

이 사례에서 미국 무역수지 적자의 메커니즘을 요약하면, 미국의 저금리와 금융 부문의 과잉 유동성으로 인해 소비가 과하게 증가해 온 점을 확인할 수 있습니다. 특히 최초에는 금융수지의 인위적인 흑자로 인해 달러 강세가 미국 무역수지 적자에 큰 동인이 되었습니다. 하지만 시간이 지나면서 미국의 제조업 상품은 중국의 저가 상품 대비 경쟁력에서도 밀리게 되면서 무역 적자가 만성화되어 온 것입니다.

2010년대 전후까지의 미국 무역수지 적자 원인을 살펴보면 미국의 금융수지 흑자 정책이 첫 동인이 되었고, 중국의 수출은 그 과정에서 무역 적자를 만성화시키는 부수적 요소였던 것으로 분석됩니다. 그럼에도 불구하고, 미국으로 유입되는 자본 규모는 통상적인 경상수지 적자를 충당하기에 충분했기 때문에 미국의 내수는 항상 성장세를 이룰 수 있었습니다. 미국의 경제학자인 매튜 클라인과 마이클 페티스(2020) 역시 "미국의 경상수지 적자가 지속되는 것은 해외의 과도한 저축과 이러한 과도한 저축을 흡수하는 미국의 역할에 의해서만 설명될 수 있다"라고 언급했습니다.

이런 연유들로 인해 트럼프가 갖은 환율 정책과 관세 정책을 쓰더라도 달러가 빠르게 약세를 보이는 현상은 일어나기 힘들 것으로 보입니다.

'비트코인 슈퍼파워' 모든 돈이 미국으로 몰린다

05

높은 달러 가치가 만성화된 상황에서 트럼프 대통령은 여전히 '2.0' 시기에도 달러 약세 정책을 시행할 것으로 보입니다. 특히 이를 위해 관세 정책과 더불어 G7 국가들의 정상들을 직접 압박하는 식으로 달러 매도를 요청할 것입니다. '제2의 플라자 합의'가 일어난다고 해도 무방하죠. 물론 이러한 정책은 달러 가치의 안정화에 기여할 수는 있습니다. 다만 트럼프가 고수하려는 '미국 우선주의, 상업은행들에 대한 대출 확대, 미국 채권·주식의 상대적 호황, 비트코인의 전면적 허용 정책'이라는 방식은 또다시 미국 금융수지를 흑자로 만들면서 달러는 제한적으로만 하락하는 현상이 두드러질 것입니다.

실제로 트럼프는 1.0 시기에 도드-프랭크법Dodd-Frank Act 일부 규정의 폐기와 금융 규제 완화를 지시하는 두 건의 행정명령에 서명한 바 있습니다. 여기서 도드-프랭크법은 2008년 리먼 브라더스 사태 이후 대형 은행의 도덕적 해이를 방지하고, 금융 시스템의 안정성을 제고하기 위해 2010년 오바마 행정부가 도입한 광범위한 금융 개혁 법안입니다. '상업은행과 투자은행 간 업무 영역 분리, 대형 은행 자본 확충 의무화, 파생상품 거래 투명성 강화, 금융지주회사 감독 강화, 지급 결제 시스템 감독 강화' 등을 주요 골자로 하고 있습니다. 즉 이 법안은 금융기관의 위험적 행태를 제안하고, 안정성을 제고하기 위해 만들어진 것입니다.

그런데 트럼프 대통령은 "도드-프랭크법으로 유동성이 감소하고 변동성이 증가하여 금융시장이 취약해지고, 은행의 안정성과 수익성이 나빠졌다"라고 언급하면서, 상업은행의 공격적 투자와 대출을 허용하는 정책으로 전환했던 것입니다. 이에 당시에는 미국 상업은행들의 신용 창출 기회가 확대되고, 미국 내에서 은행의 자본 적립 부담 완화로 공격적인 투자와 대출 활동이 이어졌습니다. 달러를 바탕으로 한 캐리트레이드도 많아지고, 주식시장 내의 위험 투자자금도 증가했지요.

트럼프 대통령 2.0 시기에도 이러한 대출 완화 및 금융시장 내 유동성 확대 정책은 다시 반복될 것으로 보입니다. 미국의 채권시장은 전 세계에서 가장 규모가 크고, 채권 발행 시 상당한 대기 수요 자금이 집중되었습니다. 특히 미국 채권시장에서 연준뿐만 아니라, 상업은행들의 매입 역할도 상당히 커져 왔습니다. 이미 미국의 채권시장

은 연방정부의 충분한 자금조달 통로 확보 역할을 하고 있습니다. 그
런 상황에서 트럼프 대통령은 이번 2.0 시기에 상업은행들의 대출과
투자를 보다 더 완화하는 정책 기준을 마련할 것으로 보입니다. 이
경우, 상업은행들의 채권 수요는 보다 확대되고, 그에 따라 미국 연
방정부의 금융수지 흑자세는 더욱 확대될 것으로 판단됩니다.

■ 꾸준히 상승한 미국의 S&P 500 지수형 ETF와 ETF 순매입 규모

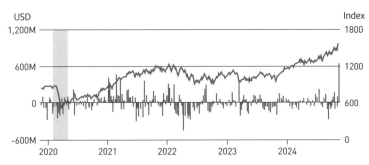

출처: en.macromicro.me

■ 주요 국가 주식시장 GDP 대비 시가총액 비율

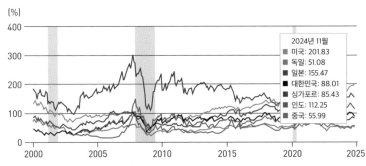

출처: en.macromicro.me

트럼프는 재선 대통령이 되면서 '비트코인 슈퍼파워'를 천명했고, 미국 내에서의 비트코인 사용에 대해 전면적으로 허용하겠다는 방침을 내세웠습니다. 사실상 적정한 수준의 규제를 하면서도 투자은행IB들의 암호화폐 ETF 진출 등에 제한을 두지 않겠다는 의미로 해석할 수 있습니다. 만일 IB들이 충분한 ETF를 출시함으로써 수익이 보다 개선된다면 주식시장과 채권시장에서의 매수 여력은 보다 개선될 것입니다. 즉 이러한 금융적 완화와 개선 방침은 비트코인의 전면적 허용과 더불어 또 다른 금융 관련 상품의 무제한적 개방 등을 끌어낼 것으로 보입니다.

결국 트럼프는 미국 금융의 중요성을 또다시 인식하고, 이를 바탕으로 '달러-미국 금융자산'의 연쇄적 패권 역할을 보다 강화하려는 것으로 보입니다. 이러한 정책은 결국 현재 위안화를 국제화하려는 중국의 노력을 무마시키고, 미국으로 자본이 몰리면서 미국의 패권을 다시금 강화시키는 계기로 작용할 것으로 판단됩니다.

정리하면 달러 약세라는 목표를 완벽히 달성하기 어렵지만, 유동성 확대 정책과 규제 완화와 더불어 비트코인 허용을 통해 미국으로 돈이 몰리도록 만들어 미국의 패권을 강화하겠다는 것이 현재 드러나는 트럼프의 목적이라고 할 수 있습니다.

지금까지 우리는 트럼프가 앞으로 행할 정책의 전체적인 방향을 대표적인 키워드를 중심으로 살펴보고(1장), 미국 내부의 정치적 환

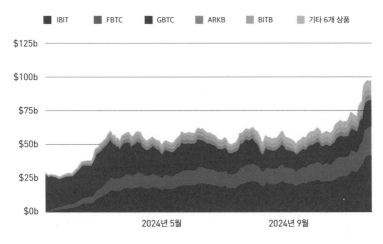

■ 지속적으로 증가하는 비트코인 현물 ETF의 AUM(총관리자산 규모)

■ IBIT   ■ FBTC   ■ GBTC   ■ ARKB   ■ BITB   ■ 기타 6개 상품

출처: heblock.co/data/crypto-markets/bitcoin-etf

경을 바탕으로 트럼프가 행할 행정적 움직임(2장), 트럼프의 미국 제
조업 부흥 정책이 어떤 결과를 얻을 수 있을지(3장), 그리고 경기 부양
과 떼놓을 수 없는 금융 정책(4~5장)까지 살펴보았습니다. 이제 이 책
의 후반부인 6~9장을 통해 트럼프 2.0 시대가 세계 경제에 어떤 영
향을 미칠지 국가별로 보다 세부적으로 살펴보고, 트럼프 2.0 시기를
어떻게 하면 '한국의 기회'로 만들 수 있을지 그 방법을 탐구해 보려
합니다.

TRUMP

6장

PANIC

트럼프 시대의 지정학

트럼프는 전 세계적으로 예외 없는 무차별적인 관세를 부과하겠다고 엄포를 놓고 있다. 또한 전쟁을 종식시키고 미국이 부담하고 있는 방위비 중 상당 부분을 동맹국에 전가하겠다고 공언했다. 트럼프의 호전적인 말에 휘둘리지 않고 '트럼프를 이기기' 위해서는 트럼프가 추구하는 외교 정책의 방향성을 잘 이해해야 한다. 이번 장에서는 '닉슨 독트린'에 담긴 외교 안보 정책과 더불어 이를 차용한 '트럼프 독트린'이 중국, 러시아, 이란 등의 국가들에게 각각 어떤 형태로 발휘될지와 함께 한국이 취해야 할 행동에 대해서도 알아보도록 하겠다.

닉슨을 보면 트럼프의 외교 정책이 보인다

세계 경제와 지정학은 떼려야 뗄 수 없는 관계입니다. 1.0 시기 트럼프 대통령은 외교와 안보에 있어 상당히 깊은 인상을 남겼습니다. 2016년 트럼프는 "다시 미국을 위대하게Make America Great Again"라는 슬로건을 바탕으로 강력한 외교와 안보 정책을 실시한 바 있습니다. 특히 2016년 2024년 대선 캠페인에서 공통적으로 아시아 지역에서 미국이 분담하고 있는 안보 유지 비용이 너무 높다는 점을 비판하며, 일본과 한국의 방위비 분담 증가를 강력히 주장했습니다. 당시 트럼프는 방위비 분담이 합의되지 않을 경우, 일본과 한국에 주둔하고 있는 미군을 축소하거나 나아가 철수할 수도 있다고까지 언급했습니다.

특히 트럼프는 일본과 한국의 핵무장 가능성을 언급하며 핵의 확산을 억제하는 국제 기조에 반하는 발언을 서슴지 않았습니다. 북대서양조약기구NATO의 역할에 대한 재정의 필요성, 미국의 위상과 역할에 대한 문제 제기, 이란핵협정JCPOA에 대한 비난, 이스라엘-하마스 분쟁에 대한 다른 시각을 제시하면서 '미국 우선주의America First'가 지금까지의 규칙과 질서를 재편할 가능성을 시사했습니다.

이러한 트럼프 대통령의 일방적, 독단적, 즉흥적 정책들은 과거 닉슨 대통령이 행했던 방식과 굉장히 유사합니다. 그리고 2024년 대선과 당선 이후의 행보를 보았을 때 2.0 때도 크게 달라지지 않을 것이기 때문에 닉슨의 정책을 설명하는 키워드인 '닉슨 독트린Nixon Doctrinetrine'은 앞으로 다가올 '트럼프 독트린'을 이해하기 위해 반드시 살펴봐야 합니다.

독트린은 신념이나 가치관을 의미하는데 정치에서 사용될 때는 국제 사회에 표방하는 정책상의 원칙이라고 생각하면 됩니다. 닉슨 독트린은 1969년 7월 25일 미국의 리처드 닉슨 대통령이 괌에서 '자국주의, 미국의 불개입주의'를 최초로 선언한 외교와 안보 정책 선언문입니다. "아시아 주요국은 스스로 자주 국방을 지켜야 한다. 미국은 직접적인 군사 개입을 피한다"와 같은 내용과 미국 스스로 'G1'의 역할을 제한하겠다는 의도가 담겨 있습니다. 즉 제1, 2차 세계대전을 겪으면서 미국이 대의명분을 위해 국제 질서에서 중요한 역할을 해왔지만, 이제부터 미국은 그러한 역할을 이행하지 않겠다는 선언문이라고 볼 수 있습니다. 이 내용을 구체적으로 살펴보면 다음과 같습니다.

"길지 않은 기간 동안 미국은 세 번이나 태평양을 건너 아시아에서 싸워야 했다. 일본과의 태평양전쟁, 한국전쟁, 그리고 아직도 끝이 나지 않은 베트남전쟁이 그것이다. 제2차 세계대전 이후 아시아처럼 미국의 국가적 자원을 소모한 지역은 일찍이 없었다. 아시아에서 미국의 직접적인 출혈은 더 이상 계속되어서는 안 된다. 미국은 앞으로 베트남전쟁과 같은 군사적 개입을 피한다. 미국은 아시아 국가들과 조약상 약속을 지키지만, 핵무기에 의한 위협을 제외하고는 분쟁과 전쟁은 아시아 각국이 스스로 대처해야 한다. 미국은 태평양 지역에서 중요한 역할을 계속 맡겠지만 직접적, 군사적, 정치적 개입은 하지 않으며 아시아 국가들이 스스로 자주적 보안 체계를 지니도록 지원한다. 아시아 각국에 대한 원조는 피하며, 각국은 여러 나라와의 상호 원조 방식을 강화하여 미국의 과중한 부담을 피한다. 아시아 각국이 5~10년 후 장래에는 상호 간의 안전을 보장하기 위한 군사 기구를 만들기를 기대한다. **다만, 미국은 우방 및 동맹국들에 대한 조약상의 의무는 지킨다.** 동맹국이나 기타 미국 및 전체 안보에 절대적으로 필요한 국가의 안정에 대한 핵 보유국의 위협에 대해서는 미국이 핵우산을 제공한다. 핵 이외의 공격에 대해서는 당사국이 일차적으로 방위 책임을 져야 하고 미국은 군사 및 경제적 원조만 제공한다."

이처럼 미국이 자신의 높은 지위를 공표하면서도 아시아에서 벌어지는 전쟁에 대한 무개입과 아시아의 안보 군사 기구 설립을 선포한 이유는 다음에 기인합니다. 당시 외교와 안보의 세계 질서에 있어 미국의 1등 자리가 퇴색되는 상황이었습니다. 여전히 중동을 중심으로 한 다른 나라들의 견제와 전쟁 리스크가 크게 존재했고, 이를 미국 중심으로 컨트롤하고 해결하는 것에도 한계가 있었습니다. 바로 미국이 직접적으로 전쟁에 개입하면서 대두되는 '재정적 부담'이었습니다. 이에 미국 행정부는 자국의 정책 입안자들에게 '미국의 정치적·군사적 입지가 퇴색되는 환경하에서 미국의 위치와 지위 사이의 적절한 균형점을 어떻게 찾아야 하는지'에 대한 관점에서 그전까지의 원칙을 바꾸려 한 것입니다.

다시 말하자면 미국이 당시 직면하고 있었던 '대내외적인 환경 변화' 속에서 미국이 '실제로 할 수 있는 외교 정책과 미국에게 큰 손실을 주지 않는 수준의 정책'을 고민했던 것입니다. 만일 이 부분에서 미국이 스스로 전 세계 'G1의 지위'를 포기하려 했다면 고민은 없었을 것입니다. 하지만 전 세계 안보와 외교에 최소한으로 개입하면서 미국의 G1 지위를 유지할 수 있는 소위 '꿩 먹고, 알 먹고'를 할 수 있는 방편을 원했던 것이죠. 유럽과 동아시아에서는 여전히 안보 문제와 전쟁 위험이 도사리고 있었는데, 미국은 이 지역들 내에서 적극적이고 항시적인 개입을 하지 않으면서도 G1이라는 지위는 유지하고 싶었던 것이죠. 이러한 스탠스는 국제 관계에 있어 미국의 자세를 소극적으로 바꾸는 '보조적 역할론'으로의 전환을 담고 있는데, 비용 대비 가장 효율이 높은 방안을 찾으려는 의도였습니다.

닉슨 독트린으로 아시아 동맹국에 대한 미국의 정책이 바뀌면서 미국과 다른 국가들 사이의 동맹적 관계도 변화하기 시작했습니다.

즉 미국은 동맹국 간의 기본적 원칙은 준수하되, 평화와 안보를 지키기 위해 해야 하는 의무를 동맹국에게 떠넘긴 것입니다. 미국은 축소된 자신의 역할을 동맹국이 스스로 채우라고 요구했습니다. 그러면서도 미국의 신뢰도 추락을 최소화하고 G1의 체제는 유지하려 했습니다. 하지만 '국가들이 신뢰와 정의를 부여한 G1 지위'와 '국가들이 신뢰와 정의를 부여하지 않은 G1 지위' 사이에는 상당한 차이가 있을 수밖에 없습니다. 닉슨 독트린을 계기로 미국에 대한 신뢰가 저하될 수밖에 없었고, 각 국가들의 반발과 불만을 초래했습니다.

불만에 대응하기 위해 미국은 더욱 강한 '규제와 원칙'을 고수했습니다. 미국은 우선적으로 동아시아 내 동맹국에 주둔하고 있는 미군 규모를 감축하기 시작했습니다. 베트남에서 먼저 시행되었으며 이 감축에 대해 미국은 '베트남으로부터 미국 지상군을 철수시키지만, 남베트남의 국방력을 강화하고자 한다'라는 내용을 발표했습니다. 이러한 변화는 다른 국가들에도 적용되기 시작했습니다. 특히 한국에 대해서 미국은 '한국 안보의 한국화Koreanization of Korea Security'라는 논리를 바탕으로, '주한 미군 감축과 한국 국방력의 증대'를 병행하여 추진했습니다. 사실 우리나라 박정희 대통령의 핵무기 개발 계획도 닉슨 독트린 때문이었습니다. 닉슨 독트린으로 동두천 캠프케이시에 주둔했던 주한미군 7사단 2만여 명이 일방적으로 철수했고, 이는 당황한 박정희 정부가 핵무장을 서두르는 계기가 되었습니다.

'닉슨 독트린'의 주요 내용을 요약하면 다음과 같습니다.

① 미국의 효율성을 유지하는 데 주력한다.

② 전 세계 국가들의 외교와 안보에서 미국의 기여 부분을 최소화한다.

③ 미국의 역할 축소 부문에 대해서는 전 세계 각국이 스스로 보완해야 한다.

④ 미국 역할 축소로 인한 전 세계의 미국에 대한 인식 저하를 막기 위해 미국은 더욱 강력한 정책을 실시할 수 있다.

이 내용에서 ①~③번은 사실상 누구나 이해할 수 있는 내용입니다. 국제 관계에서 미국의 역할을 재정립하겠다는 것이죠. 하지만 실질적으로 가장 유의미한 부문은 ④번 항목입니다. 제1, 2차 세계대전과 영국의 패권이 붕괴되는 과정에서 미국은 전 세계 패권을 차지했는데요. 실리적인 관점에서 이미 G1의 지위를 차지했으니 '잡은 물고기에게는 먹이를 안 준다'라는 식으로 자신들의 역할을 스스로 조정해 나가겠다는 것이었죠.

닉슨 독트린은 외교와 안보 측면에서 트럼프의 정책 방향성과 매우 유사합니다. 즉 트럼프 대통령은 닉슨의 외교 및 안보 정책을 가장 합리적이라고 평가하는 것으로 추정되며, 이에 트럼프는 닉슨 독트린의 스탠스를 그대로 승계하는 것으로 보입니다.

모든 정책의
원칙은
'미국 우선주의'

그럼 닉슨 독트린에 이어서 트럼프 1.0 시기에 공식적으로 발표되었던 문건들의 취지와 의미를 살펴보겠습니다. 이를 통해 우리는 닉슨과 트럼프 사이의 유사성은 물론, 2.0 시기 트럼프가 어떤 외교와 안보 정책을 펼칠지 힌트를 얻을 수 있을 것입니다.

트럼프가 1.0 시기에 공식적으로 발표한 대외 정책은 큰 틀에서 다음 4개로 정리할 수 있습니다.

① 2016년 4월 경선 시기: 국가이익센터(Center for the National Interest) 에서 대통령 후보로서 발표한 대외 정책
② 2017년 대통령 취임 직후: 백악관 홈페이지를 통한 미국 우선주의 대외 정책 발표

③ 2017년 12월: 국가안보전략(National Security Strategy, NSS) 발표

④ 2018년 2월: 국방부를 통한 국방전략(National Defense Strategy, NDS)
   과 핵태세검토보고서(Nuclear Posture Review, NPR) 발표

2017년 1월 20일 취임식 직후 미국 행정부는 백악관 홈페이지를 개편하고, 미국 우선주의 기반의 대외 정책 스탠스를 발표했습니다. 핵심은 2017년 12월 트럼프 대통령이 발표한 '국가안보전략NSS'입니다. 국가안보전략은 미국의 안보와 관련한 전략을 공표하기 위해 행정부에서 발간하는 최상위 수준의 대외 정책 문서입니다.

첫 번째로 트럼프는 민주주의 가치 확산을 위한 국가 건설 방향이 미국이 다른 국가에게 합리적인 이해를 증진하는 것에 기반하지 않을 것임을 우선시하였습니다. 시작부터 트럼프는 닉슨처럼 미국의 이익만을 생각하는 쪽으로 방향성을 바꾸겠다고 선언한 셈입니다. 서방 국가들의 시스템 강화와 서방 국가 중심의 시스템 확장을 위한 정책 방식을 설파했습니다. 이는 현재 트럼프 2.0 시기의 주요 행정부 수장에 부자이면서 미국 시스템에 익숙한 인력들을 등용하려는 것과도 연결됩니다.

두 번째로 이슬람이 미국의 안전을 위협하기 때문에, 미국이 적극적으로 개입해야 한다는 것을 언급했습니다. 당시 트럼프 대통령은 극단주의 이슬람과 ISIslamic State of Iraq and Syria의 성장에 이란의 역할이 커지고 있으므로, 이란을 강력히 압박해야 한다는 것을 강조했습니다.

세 번째로 국방비 지출을 증액해야 하고, 이를 통해 군사력 개선하고 증대시켜야 한다고 강조했습니다. 닉슨식으로 미국의 개입을 최소화하면서도, G1의 지위를 지속하기 위해서는 다른 국가들 대비 군사력이 월등해야 한다는 걸 강조한 것이죠. 미국이 국제 정치와 안보에 있어 대의적 명분의 'G1 역할'을 이행하지 않겠다고 선언했지만, 그래도 G1을 유지하기 위해서 물리적인 능력을 유지해야 한다는 점을 강조한 것입니다.

네 번째로 "미국이 동맹국의 안보적 안전을 일방적으로 책임지는 구조가 미국의 이익에 반할 수 있다"라는 입장을 명확히 했습니다. 즉 미국의 동맹국이라고 자처하는 국가든 NATO와 같은 국제 기구든 미국에게 모든 부담을 가중시켜서는 안 된다는 것입니다.

마지막으로 국가Nation-State의 모든 정책 결정의 근간은 국가 자체가 되어야 하며, 이것이 결국 국가의 이익 증진을 도모해야 한다는 점을 명확히 했습니다. 미국 우선주의 체제를 강화하되, 미국 입장에서 비용 대비 높은 이득을 추구하기 위한 효율성을 제고하겠다는 의사를 표현한 것이죠.

타국을 대하는 정책 스탠스를 일방적으로 변경한다는 점에서 닉슨 독트린과 트럼프의 방향성은 매우 유사합니다. 즉 트럼프 대통령은 닉슨의 정책을 가장 합리적이라고 평가하는 것으로 보이며, 앞으로도 외교와 안보에 있어 닉슨의 정책 스탠스를 계속 승계할 것으로 보입니다. 우리는 트럼프가 닉슨의 방식과 유사하게 '역할 축소로 인한 미국에 대한 전 세계의 인식 저하를 막기 위해, 더욱 강력한 정책을 실시할 수 있다'라는 것에 주목해야 합니다.

이어서 2018년 2월에 발표한 '국방전략'의 주요 내용을 살펴보겠습니다.

중국, 러시아와의 패권 경쟁이 미국의 최우선 과제임을 재확인하고, 이를 위해 국방 부문의 꾸준한 투자가 필요하다.

첫째, 미국 영토를 보호하고, 합동 군사력의 체제를 유지하며, 미국의 이해에 반하는 적국을 강력히 저지한다. 둘째, 인도 태평양, 유럽, 중동 등의 지역에서 미국에 유리한 균형을 유지하고, 미국의 영향력 확대를 위해 파트너십을 강화한다. 셋째, 군사적 공격으로부터 동맹국을 방어하고, 공동 국방의 책임을 공정하게 분담해야 한다. 넷째, 대량 살상무기를 확산하고 사용하는 적대국과 행위자들의 행위를 방지하고 억제해야 한다. 다섯째, 경제성과 속도감을 고려하여 성과를 도출해야 하며, 최고의 안보 혁신 기지를 구축한다.

이러한 목표 달성을 위해, 국방부는 다음과 같은 세부적인 목표를 달성하도록 노력한다.

① 합동 군사력을 재건함으로써 군사력을 제고한다.

② 동맹국들과의 연대력을 강화하고 새로운 파트너십을 구축한다.

③ 군사 부문에서 좋은 성과와 경제성을 높이기 위해 국방부의 운영 방식을

개혁한다.

④ 전쟁에 대한 준비 태세를 강화함으로써 무력 충돌을 저지한다. 인도·태
평양, 유럽·중동에서의 침략 행위를 저지하며, 테러리스트 위협을 무력화
한다.

⑤ 핵, 우주, 사이버 공간, 정보, 미사일 방어, 자율 시스템 등 모든 가능한 주
요 영역에서 현대화를 위한 투자를 적극 이행한다. 이를 위해 국방 예산을
확대하고, 새로운 기술 발전에 맞춰 혁신적인 운영 방식으로 개선한다.

⑥ 국방 관련 인원들의 능력을 개발함으로써 신속하고 견고한 군사 태세 유
지한다.

⑦ 집단 안보에 있어서 동등한 분담을 원칙으로 하며, 지역 연합과 안보 협력
을 강화하기 위해 지역적 협의 메커니즘을 강화한다.

⑧ 미군과의 상호 운영성을 높이기 위해 미 군수 장비들의 판매, 파트너 국가
들의 군사 현대화를 촉진한다.

⑨ 인도·태평양에서의 동맹과 파트너십을 확장하고, 중동에 견고한 연합을 형
성한다. 아프리카의 테러리스트 위협을 해결할 수 있는 관계를 구축한다.

핵태세보고서에서는 다음의 내용을 언급했습니다.

중국과 러시아는 신종 핵무기 등 핵무기의 기술을 계속하여 개발하고 있고,
북한과 이란 역시 핵 개발 능력을 확장하고 있다. 이에 미국은 핵무기와 비핵
무기 공격을 억지하는 것을 최우선 전략 과제로 선정하며, 자유와 개방이 보

장되는 인도·태평양 지역 체계를 구축하기 위해 노력한다. 또한 미국은 인도 태평양 지역에서 항해의 자유가 보장되도록 노력하며, 인도·태평양의 모든 국가 간 동맹 관계가 강화되도록 노력한다.

이와 같은 내용과 실질적으로 트럼프가 보여줬던 화법과 정책 시행의 방식을 종합하면, 다음과 같은 원칙에서 모든 내용이 파생된다는 것을 확인할 수 있습니다.

첫째, 모든 정책은 미국 우선주의와 국가주의Nationalism를 바탕으로 합니다. 다시 말해 모든 외교와 안보 정책은 미국인들을 보호한다는 일념에 집중됩니다.

둘째, 동맹국에 대한 의리나 신뢰와 같은 대의는 가치가 없고, 실리적으로 미국에 도움이 되는 방식을 선호합니다.

셋째, 모든 정책의 최종 종착점에는 '강한 미국'이 자리합니다. 결국 모든 경제와 관세 정책 등은 군사적 패권 유지를 위한 수단으로 사용됩니다.

넷째, 미국의 제1의 적대적 국가가 중국인 것은 중국이 미국 다음의 G2이기 때문이지, 사실상 어떠한 국가도 2위가 되면 적국이 될 수 있습니다.

다섯째, 중동, 유럽, 인도·태평양에 대한 압박은 미국이 자신의 힘이 약화되고 있음을 절감한 이유에서 비롯되며, 미국이 다른 국가들의 연합을 가장 두려워한다는 것으로 해석할 수 있습니다.

여섯째, 중동과 유럽, 인도·태평양 등지에서의 외교 정책이 매우 혼란하고 엉뚱한 것 같지만 사실상 '국가안보전략'과 '국방전략'에서 벗어나는 것은 거의 없습니다. 단지 순서가 뒤죽박죽일 뿐입니다.

일곱째, 트럼프는 현실적 정책 시행에 있어서 SNS를 활용해 왔습니다. 이는 거래 상대방에게 '두려움 혹은 공포'를 먼저 주고, 이를 바탕으로 상대방이 계산할 시간을 부여하는 방식입니다.

트럼프 2.0
정책의 방향

트럼프 대통령은 2016년 처음 대통령으로 선출된 이후 이렇게 말한
바 있습니다.

"1987년 12월 미국 공화당 리처드 닉슨 전 대통령으로부터 받은 편지를 백악
관 벽에 걸어 놓겠다."

편지를 통해 닉슨은 트럼프가 장차 대통령이 될 거라고 언급했는
데, 트럼프가 닉슨 일가와 매우 가까운 사이라는 걸 알 수 있습니다.
실제로 닉슨 전 대통령의 손자 크리스토퍼는 2016년 11월 플로리다 마
라라고에서 열린 트럼프의 추수감사절 행사에 참석하기도 했습니다.
단순히 닉슨 집안과의 친분에 그치지 않는데, 트럼프는 실제 대통

령이 되고 난 후 닉슨과 매우 유사한 행보를 보였습니다. 그러나 1.0 시기부터 시작했던 트럼프의 '닉슨 독트린'으로의 귀환은 미국 내에서 다소 부정적인 평가를 받았습니다. 2016년 12월 20일, 〈워싱턴포스트〉는 "트럼프 대통령이 과거 냉전 시대의 정책이었던 '닉슨 전 대통령식의 미치광이 이론the Madman Theory'을 외교 전략에 활용하고 있다"라고 언급했습니다. 특히 미국기업연구소AEI의 니콜라스 에버스타트는 "과거 닉슨이 그랬듯이 외교에서는 상대 국가가 예측하지 못하는 비합리성을 가진 것처럼 행동하는 것이 유리한데, 트럼프는 닉슨보다 그런 경향이 더 강하다"라고 언급했습니다.

트럼프의 닉슨 독트린으로의 귀환은 결국 다른 경제 정책으로까지 확장되었습니다. 닉슨 대통령은 1971년 미국 경상수지 악화를 막기 위해 대부분의 수입품에 10%의 관세를 부과하고, 금태환제를 폐지했는데요. 앞서 우리가 살펴봤듯 트럼프는 이러한 닉슨식 경제 정책도 답습하려 하고 있지요. 그렇다면 트럼프는 2.0 시기에도 1.0 때의 기조를 이어갈까요? 그럴 확률이 매우 높습니다. 트럼프의 주요 정책문과 기류에 대해 구체적으로 살펴보겠습니다.

일단 트럼프 대통령의 외교 정책은 한마디로 '강건주의'로 요약할 수 있습니다. 이미 공화당은 아직 바이든 행정부인 2024년 11월 이전, 새로운 외교 정책Platform을 발표했습니다. 2024년 7월 8일 공개한 정책문의 주제는 '미국을 다시 위대하게Make America Great Again'로 20개의 원칙과 10개의 장으로 구성되어 있습니다. 20개의 원칙은 **'국경 봉쇄와 이민자 차단, 최대 규모의 추방 작전, 인플레이션 종식, 지배적 에너지 생산국으로의 전환, 제조 강국으로의 전환, 제3차 세계대전 방지, 유럽과 중동 평화 회복과 미사일 방어 체제 구축, 군사력 강화, 전기차 의무화 취소'** 등이며, 10개의 장은 **'경제, 이민, 국경, 통상, 복지, 일자리, 교육, 외교'** 등입니다. 이 정책 선언문을 바탕으로 다가올 트럼프 행정부의 '미국 우선주의 대외 정책 2.0America First Foreign Policy 2.0'의 주요 방향성을 정리하면 다음과 같습니다.

먼저 전략적 선택과 집중을 통해 효율적으로 미국의 국익을 유지하려 할 것입니다. 여기서 전략적 선택과 집중은 미국이 연대적으로 협력하고 우호적인 관계를 맺는 국가를 극소수로 제한하고, 이 국가들과 연합하면서 미국 중심의 체제를 재구축한다는 것을 뜻합니다. 말하자면 미국에 이득을 제공하는 국가들로만 연합 체제를 만들겠다는 의미죠. 결국 미국이 중심이 되어 전 세계 외교와 안보의 핵심 정책을 만들어 내고, 기타 분쟁이나 국가적 마찰에 대해서는 무개입 원칙을 고수할 것으로 판단됩니다. 아시아, 유럽, 중동 등의 전략적 요충지에서 미국의 패권에 도전하는 국가들을 견제하고 미국의 이익을 유지하기 위해 함께할 국가들을 최소로 선택하고, 나머지 국가들에 대해서는 간접적 압박주의 정책만을 시행하며 관여하지 않겠다는 의미로도 해석할 수 있습니다.

과거 1.0 때의 트럼프 행정부(2017~2021년)의 '미국 우선주의'는 이라크 전쟁과 아프가니스탄 전쟁 등으로 미국의 외교적 패권이 약화된 국면에서 미국의 지위를 재구축하는 것에 집중되어 있었습니다. 글로벌 외교와 안보에 있어 미국의 자체적인 개입을 제한하는 가운데(축소와 자제), 외부로 유출되는 국력을 최소화하려는 것이었죠. 미국의 영향력을 간접적으로 높이고, 실질적인 비용은 지출하지 않는 트럼프 행정부의 '미국 우선주의 외교 정책'은 2.0 시기에도 이어질 것입니다.

이를 위해 공화당은 '국방 예산 자동 삭감 조치 폐지, 군대의 재건, 힘을 통한 평화' 등에 대해 강조했습니다. 과거 트럼프 대통령은 '거래 기반의 국가 연합'과 '안보 무임 승차론' 등을 여러 번 주장한 바 있습니다. 이는 유럽, 일본, 한국 등의 동맹국들과의 안보 협력에 있어 미국이 쓰는 돈을 충분히 받아 내겠다는 의지로 해석할 수 있습니다. 그렇다면 앞으로 트럼프가 현재 동맹 관계의 틀을 재조정함과 동시에 각국의 방위비 분담금을 크게 늘릴 가능성까지 존재합니다. 우리나라에 '방위비 폭탄'이 떨어지는 일이 충분히 일어날 수 있다는 것이지요.

이미 트럼프는 1.0 시기에 방위비 분담금이나 무역과 관련하여 동맹국들에게 일방적으로 요구 사항을 통보하여 동맹국들의 강한 불만을 초래한 바 있습니다. 이러한 일방적인 태도는 경제·통상, 인권, 외교 등과도 연결되어 나타났습니다. 예를 들어 미국의 무역 정책에 기

여하는 국가에 대해서만 방위비와 외교에 있어 상대적으로 혜택을
주는 형태로 말이죠. 대표적으로 일본의 경우 트럼프 1.0 시기, 아베
총리가 미국에 대한 적극적 투자를 약속함에 따라 일본에 대한 환율
과 안보, 관세 등과 관련된 정책에서는 상대적으로 약하게 압박을 받
았습니다.

닉슨 독트린과 트럼프 1.0 정책을 살펴볼수록 둘이 쌍둥이처럼 닮
았다는 것을 알 수 있습니다. 트럼프 2.0 시기 미국의 외교와 안보 정
책도 전체적인 큰 틀은 이와 다르지 않을 것입니다. 문제는 트럼프
2.0 시기에는 1.0 시기와 달리, 트럼프 대통령이 조정해 놓은 질서가
많이 변화했다는 것입니다.

실제로 중국은 남중국해에서 군사력을 과시하며, 아시아에 긴장
과 두려움을 안겼습니다. 또한 대만과 홍콩을 압박하고 중국 중심의
경제 정책을 펼치면서 아시아·태평양 지역에서의 국가력을 과시하였
습니다. 또 경제, 외교, 안보 측면에서 러시아와의 연대를 과시하고
미국 패권에 경쟁적인 모습을 보여주었습니다.

중국과 러시아 사이의 연대 강화를 계기로 아시아·태평양 지역에
서 미국의 리더십 공백이 발생하고 있고, 중국과 러시아가 영향력을
과시하는 행태도 보였습니다. 이로 인해 북한은 UN의 압박과 제재에
도 불구하고 도발적인 미사일 훈련을 지속했습니다. 이란은 러시아
와의 간접적인 연대 속에서 대리인(하마스, 시리아 반군 등)의 힘을 이용

하여 중동에서 긴장감을 고조시키고 있습니다. 한마디로 아시아에서 미국의 리더십 부재가 연쇄적으로 중동-아시아-유럽의 반미 국가 권역들의 힘을 키워 주었고, 이것이 미국의 질서를 뒤흔드는 형태로 나타난 것입니다.

이런 상황에서 다시 돌아온 트럼프는 어떤 모습을 보여줄까요? 아마도 트럼프 대통령은 미국의 국익을 위해 국가와 권역별로 다소 상이한 외교 정책을 보여줄 것으로 추정됩니다. 이제 구체적으로 권역에 따른 예측을 살펴보겠습니다.

이란은
경제 제재와
무력으로
제압할 것이다

04

향후 트럼프 대통령의 대외 정책은 '미국 우선주의 2.0'의 철학을 기반으로 전 세계를 압박하는 형태가 될 것으로 판단됩니다. 트럼프 대통령은 취임 직후 안보와 외교에 관련해 극단적 정책들을 우선적으로 시행할 것으로 보이는데요. 첫 번째는 '중동에서의 이란 고립주의-네타냐후에 대한 제재', '러시아에 대한 회유와 압박'이 될 것입니다. 먼저 중동에서 이란과 관련된 정책에 대해 말씀드리겠습니다.

트럼프는 이슬람에 대해서는 고립주의(한쪽 편들기)와 무력 정책을 병행할 것입니다. 2001년 이슬람 테러 조직이 일으킨 9·11 테러는 미국에게 상당한 트라우마로 남아 있는데, 이슬람 무장 세력을 둘러싼 분쟁은 늘 반복될 수밖에 없는 상황입니다. 수니파와 시아파 사이의

트럼프 패닉

대립, 이슬람 국가들이 행하는 정책과 문화적 환경 사이의 괴리로 인한 반발 등으로 이슬람 내부는 항상 시끄럽지요. 특정 국가에서는 이슬람 내에서의 정책 기류에 대한 불만과 미국에 대한 불만을 표출하기도 합니다.

이처럼 이슬람에서 나타나는 종교 계파나 정책에 따른 대립이 중동의 에너지, 항만 문제와 아시아·태평양 국가들과의 연대로까지 이어지며 또 다른 불안 요인으로 작용할 수 있습니다. 이를 통제하기 위해 미국은 자신들의 정책에 동조하는 권역에는 우호적인 정책을 쓰고, 미국에 불만을 토로하는 상대 세력은 압박하는 정책을 쓸 수밖에 없습니다. 문제는 중동의 불안 요소를 조절하는 정책을 추진하는 과정에서 미국에 대한 불만이 커지는 국가가 생길 수 있으며, 이런 국가들은 큰 분쟁을 일으킬 가능성이 크다는 것입니다.

미국 입장에서는 국지적, 외교적 불안 요소가 항상 상존하는 상황에서 무력을 바탕으로 강한 외교를 펼치는 것이 최우선인 것입니다. 이에 미국은 자국의 이익과 안보를 지키기 위해 무력과 압박(경제적 제재)을 동시에 시행하는데, 예를 들어 2019년 10월 트럼프 대통령은 이슬람 극단주의 무장세력 IS(Islamic State) 퇴치를 위한 군사 작전을 시행하기도 했습니다.

명분은 당시 이슬람 지역에서의 미군 철수를 앞두고, 미국이 견제하는 '러시아와 이란'의 세력이 강화되는 것을 막기 위함이었습니다. 이에 미국 국방부는 "미국의 저지 압력이 없다면 IS는 서방을 겨냥하고, 자신들의 네트워크와 지부를 지원할 시공간적 여유를 갖게 된다"라고 언급했습니다. 그리고 직접적인 군사작전 수행으로 IS를 격퇴했습니다. 결국 다른 국가의 지정학적 지위가 반사적으로 확장되는 것을 막기 위해, 트럼프 행정부는 IS 및 급진 이슬람 테러 단체들을 격퇴하는 것을 항상 최우선으로 할 수밖에 없습니다. 트럼프의 기조인 미국은 '직접적인 군사적 개입을 제한한다'라는 원칙에 예외적으로 이슬람에서의 불안이 가중되면 연합 군사작전을 수행할 수밖에 없습니다.

이와 관련해 트럼프 대통령은 1.0 시기 때 극단적 이슬람 세력들과 ISISIslamic State of Iraq and Syria가 세력을 확대하는 데 있어 이란이 비중 있는 역할을 하는 것으로 판단했습니다. 이에 2.0 시대에 들어서도 외교 정책에 있어 '이란을 테러 지원국으로 지정, 이란 핵 협상 파기, 이란 대한 불관용, 이란 중앙은행 제재, 이란 지도자와 이란 3대 수출품에 대한 경제와 금융 제재' 등을 동시다발적으로 시행할 것으로 예상됩니다. 그리고 이란(하마스)-이스라엘의 분쟁이 지속되는 현시점에서는 이란을 압박함과 동시에 이스라엘의 역할 정의에 대한 정책들이 쏟아질 것으로 판단됩니다.

특히 트럼프 대통령은 취임 직후 바이든 정부의 정책을 모두 폐기하거나, 반하는 정책을 내세울 것입니다. 이런 측면에서 바이든 정부가 내세운 이란핵협정Joint Comprehensive Plan of Action, JCPOA은 기본적으로 파기될 것입니다. 이란핵협정은 핵 개발 제한을 조건으로 이란의 경제 제재를 풀어주기 위한 강대국들의 모임입니다. 트럼프는 1.0 시기 JCPOA가 제대로 작동하지 못한다며 미국의 탈퇴를 선언하고 이란에 대한 강도 높은 제재를 가했습니다. 바이든 행정부는 이를 복원하려 했지만, 트럼프의 재선으로 어려워질 전망입니다.

한편 1.0 시절 트럼프 대통령은 2020년 8월, 이스라엘과 아랍에미리트UAE 사이를 중재하여 아브라함협정Abraham Accords을 맺어 국교 정상화를 이루게 했습니다. 또한 이스라엘이 바레인, 수단, 모로코와도 수교를 맺게 하면서, 이슬람 지역 내에서 이스라엘의 미국 대리인 역할론을 부상시켰습니다. 이에 이스라엘과 UAE는 정보와 첨단기술 분야, 코로나19 백신 개발 등에 협력했고, 이스라엘은 국제법상 팔레스타인 서안지구를 합병하는 것을 중단했습니다. 이 아브라함협정은 영토 문제로 인해 이스라엘과 아랍의 갈등이 지속될 수밖에 없는 구조 속에서 표면적으로라도 갈등을 제거하는 계기를 마련했습니다.

아브라함협정은 지금까지 아랍 지역 내에서 긍정적인 영향을 미치고는 있습니다. 예를 들어 UAE와 사우디아라비아는 여성 인재 등용, 보조금 폐지, 첨단산업 육성 등의 정책을 시행하면서 석유에 의존적인 성향과 이슬람주의 관념을 개혁하는 행태를 보였습니다. UAE는 이스라엘과 협력적인 경제 및 금융 체계를 유지해 왔고, 이에 이스라엘계 스타트업들이 UAE에 진출하는 등 상호 간에 적극적인 경제 교류가 일어났습니다.

하지만 바이든 정부 4년 동안 아브라함협정의 취지는 무색해졌으며, UAE와 사우디는 중동 지역의 분쟁 속에서 목소리가 작아지는 양상을 보이기도 했습니다. 사우디는 중동의 질서가 혼란스러워지자 중국과의 연대 가능성까지 제시한 바 있지요. 이에 반해 시아파 종주국 이란은 이스라엘 및 아브라함협정 당사국들에게 공통의 위협 국가로 부상했습니다. 여기에 중동 내 러시아의 영향력이 강화되고 시리아, 예멘, 리비아 내전에서의 대리전이 반복해서 일어나고 있습니다.

결국 미국 입장에서 이슬람 지역 갈등의 고리를 잘라내기 위해서는 그동안 목소리가 강경해진 이란을 우선적으로 통제하는 것이 선결 과제일 것입니다.

이에 트럼프 대통령은 '대이란 최대 압박 정책'을 실시함과 동시에 이란 성직자 체제의 핵심인 혁명수비대, 레바논 헤즈볼라, 예멘 후티 반군, 시리아와 이라크 시아파 민병대, 가자지구 하마스 등의 친이란 프록시Proxy 조직을 직접 공격할 가능성도 클 것으로 판단됩니다. 실제로 과거의 사례를 살펴보면 2020년 1월, 트럼프 정부는 솔레이마니 이란 혁명수비대 사령관을 이라크 바그다드 공항에서 드론으로 살해한 바 있습니다. 이에 이란에서는 복수를 천명한 급진파가 득세했고, 이러한 급진파들은 혁명수비대의 호르무즈해협에서 선박을 나포하는 등 이스라엘을 공격했습니다.

트럼프의 공격은 최대 수준의 경제적 압박과 이란의 대리인 군사 세력을 특정화하여 군사작전을 시행하는 방식으로 이루어질 것으로 판단됩니다. 이란의 경제를 더욱 최악으로 만들면서, 이란 대리인 군사 세력 중 어느 하나만 군사적으로 억제하면 이란과 관련된 모든 위협 세력에게 강력한 경고 메시지를 전달할 수 있을 것입니다. 이는 이란의 군사적 활동을 억제함과 동시에 이를 지켜보는 이스라엘, 중국, 러시아 등에게도 경고 신호를 줄 수 있는 방법이지요.

과거 1.0 시기에도 트럼프는 2017년 1월 취임 직후 시리아 공군 기지에 대한 공습과 동시에 모든 무슬림의 입국을 금지했던 적이 있습니다. 이후 아랍 지역을 방문하여 '지역의 평화, 안보, 번영'에 대한 비전을 발표했습니다. 이 '평화, 안보, 번영' 비전은 표면적으로는 중동 지역의 화합과 평화에 대한 내용처럼 보였지만, 실질적으로는 '신고립주의와 다자주의'를 기반으로 특정 이슬람 국가를 외톨이로 만든다는 전략이었습니다. 트럼프 대통령은 당시 이슬람을 테러리즘의 근원으로 정의하고 이라크, 이란, 리비아, 소말리아, 수단, 시리아, 예멘 출신 국민의 미국 입국을 금지했습니다.

이제 종합하여 결론을 내려보겠습니다. 과거 1.0 시기 트럼프 대통령의 중동 지역 정책을 고려하면, 앞으로 트럼프가 행할 시나리오는 다음과 같이 정리할 수 있습니다.

앞서 말씀드린 것처럼 '이란 최대 경제 압박 정책-이란 대리인에 대한 직접 공격'이 가능할 것입니다. 이후 이스라엘을 미국의 대리인으로 승격함과 동시에, 네타냐후 총리에 대한 제재를 가할 가능성이 큽니다. 네타냐후 총리에 대한 제재는 '미국을 위협하는 지도자'에 대한 제재의 성격이 강할 것이며, 이는 이스라엘의 역할론에 대한 부정은 아닐 것으로 판단됩니다. 즉 이스라엘-이란 대립에서 주축이 되는 이란을 억제하고, 관련 군사 세력들을 직접 정리하는 것입니다. 이후 이스라엘의 중동 지역 내 교류 협정(아브라함협정)을 재구축함과 동시에, 전쟁을 확장하는 네타냐후에 대해서는 개인적인 제재를 취할 가능성이 큽니다.

결국 이 정책들은 양국의 전쟁에 대한 의지를 축소하는 계기를 제공할 것이며, 이것은 결국 중동 지역 내에서의 분쟁 리스크를 완화하는 첫 단추로 작용할 것입니다.

동맹국도
예외 없는
트럼프식 압박

트럼프가 취할 중동 지역 정책에는 동맹국인 이스라엘의 네타냐후 총리에 대한 제재도 가능한 영역으로 포함되는데, 이에 대해서 자세히 살펴보겠습니다.

　트럼프 1.0 이후, 바이든 정부에 접어들면서 이스라엘 네타냐후 총리는 폐쇄적 유대 민족주의와 안보 포퓰리즘을 효과적으로 설파해 왔습니다. 또한 네타냐후는 의도적으로 팔레스타인과의 공존을 강조하는 중도·진보 연합을 맹공격했고, 이에 트럼프 대통령이 세워 놓은 이스라엘 내의 질서는 붕괴가 되었습니다. 여기서 트럼프가 1.0 시절 발표했던 '국가안보전략'의 주요 내용을 다시 돌이켜 보겠습니다.

"테러를 자행하고, 주변국을 위협하고, 대량 살상무기를 추구하는 지역 독재자들이 국제 사회의 안전과 안보를 위협하고 있다. 이에 대한 통제와 함께 이 독재자들에 대한 제재가 필요하다. 무고한 사람들을 향한 증오와 폭력을 조장하는 테러리스트들과 마약과 폭력을 유포하는 초국가적 범죄 조직들은 미국이 맞닥뜨린 핵심적인 도전 과제이다."

이 내용은 우선적으로 안보, 경제, 외교 측면에서 미국에 직접적으로 위협을 가하는 '시진핑'에 적용되는 사항으로 판단됩니다. 하지만 더 나아가 미국 이익에 반하는 어떠한 지도자에 대해서도 이 사항을 적용하고, 규제할 수 있다는 의미이기도 합니다.

즉 독재자들과 범죄 조직에 대한 제재는 동맹국에게도 언제든 적용될 수 있음을 시사합니다. 예를 들어 이스라엘은 분명히 미국의 동맹국입니다. 하지만 트럼프 대통령은 대선 캠페인에서 '미국의 통제와 질서에 반하는 네타냐후 총리'에 대해서는 경고성 언급을 하였습니다. 이는 특정한 지도자나 세력이 미국이 내세우는 통일된 질서에 반하는 경우, 설령 동맹국일지라도 해당 지도자나 세력을 언제든지 통제할 수 있다는 것을 의미합니다. 미국이 규정하는 질서에 반하는 정책들이 표출될 경우, 그게 누구든 언제든지 적대적으로 응징할 수 있다는 것이지요.

이스라엘-하마스 전쟁과 관련해서 트럼프는 "이스라엘을 지지하지만, 전쟁을 신속히 끝내겠다"라고 언급한 바 있습니다. 이러한 트럼프 대통령의 생각은 대선 캠페인 슬로건인 '미국의 힘과 리더십의 갱신Renew American Strength and Leadership'에 함축되어 담겨 있습니다. 기본적으로 이스라엘을 지지하지만 네타냐후 이스라엘 총리에 대한 압박을 통해 반드시 전쟁을 끝내겠다는 것입니다. 네타냐후 총리에 대한 압박은 실질적으로 '금융 거래 규제, 재산 몰수, 해외 이주 제한' 등의 형태로 나타날 것으로 보입니다.

결국, 미국은 통일된 질서하에서 동맹국들에 대해 직·간접적인 정책을 강요할 수 있고, 이에 응하지 않을 경우 언제든지 미국이 구축해 놓은 블록(연대해 있는 국가들의 연합 지역)에서 퇴출될 수 있다는 것을 시사하기도 합니다.

한편, 트럼프 대통령의 '국가안보전략'에서 여타 국가들에 대한 질서를 규정함과 동시에, 이를 위한 미국 내 전략적 철학에 대해서는 다음의 내용을 언급했습니다.

① 미국 영토, 미국 국민, 미국의 삶의 방식을 보호
② 미국의 번영을 증진
③ 힘을 통한 평화 유지
④ 미국의 영향력 증대

이 부문은 월다브스키가 언급한 '두 대통령제 이론Wildavsky(1966)'과도 직결되는 내용입니다. 행정학자인 윌다브스키는 닉슨 대통령의 정책에 관련하여 '두 대통령제 이론'을 언급했습니다. 즉 닉슨 대통령의 방식이 독립된 '국내 문제를 담당하는 대통령'과 '국방과 외교 정책을 담당하는 대통령'으로 나뉘어 정책을 수행하는 방식이라고 언급했습니다. 이 이론에서는 대통령이 '안보·통상' 등의 대외 정책을 수행함에 있어 '정보·자원'의 우위가 필요하며, 대외 정책에 있어서 결정과 집행의 신속함을 우선시 해야 하는 것으로 설명합니다. 또한 대외 정책을 결정하는 데 있어서 대통령이 자율성을 가지고 최고결정권자로서의 역할을 수행하는 것이 타당하다고 봅니다.

이러한 윌다브스키의 이론적 관점은 대외 정책에 있어 대통령에 권한이 집중되어 있고, 핵심적인 결정권을 갖는다는 논리에 기반합니다. 이러한 분석은 트럼프가 대통령으로서의 대외적인 능력을 제고하기 위해서는 인위적으로라도 '혼동되고 예측 불가하지만 매우 강건한 모습'으로 인식되어야 함을 반증하기도 합니다. 즉 윌다브스키의 이론은 대외적으로는 미국에 이득이 되는 질서를 규정하고, 대내적으로는 이러한 강경책이 미국인들에게 어떠한 목표를 지향하기 위함인지를 설명합니다. 특히 미국인들의 내부적 이익 도모를 위해 이 내용을 '미국의 네 가지 핵심 이해를 증진하기 위한 구체적 전략'으로 세분화하여 표현했습니다.

"미국 영토, 미국 국민, 미국의 삶의 방식을 보호하고, 미국 영토를 지키고 주권을 회복하기 위해서 국경 통제를 강화한다. 이민 시스템을 개혁하여, 테러리스트들과 초국가적 범죄 조직이 미국 국경 안으로 들어오는 것을 차단한다. 미국의 인프라와 네트워크를 보호하기 위해 노력하며, 위협국들의 새로운 기술 습득과 개발을 제한한다. 이를 위해 미사일 공격으로부터 미국을 방어하기 위해 중층적인 미사일 방어 시스템을 구축할 계획이다.

미국은 지정학적 경쟁에서 우위를 차지하기 위해 연구, 기술, 혁신을 꾀할 것이다. 또한 지적재산권과 혁신 기술의 약탈로부터 국가 안보, 혁신 기지를 보호할 것이며, 미국의 경제 안보와 국가 안보를 증진하기 위해 다양한 에너지원을 확보할 것이다.

미국이 군사적 우위를 다시 굳건히 하기 위해 미국의 국방력을 재건할 것이다. 이를 위해 외교, 정보, 군사, 경제 등의 모든 수단을 사용하여 미국의 국방적 우위를 확고하게 굳힌다. 우주·사이버 공간 등의 다양한 부문에서 미국의 능력을 강화하고 그동안 연구가 미진했던 부분에 대해 재차 적극적으로 대처할 것이다. 미국은 동맹국들이 미국 우위 정책에 대해 공통적으로 책임감을 지니고, 각자의 지위에 맞는 행동을 취할 것을 기대한다.

인도·태평양, 유럽, 중동 등의 지역에서 전반적인 균형이 미국에 유리하게 되도록 노력할 것이다. 미국 국민을 보호하고, 미국의 번영을 증진하기 위해 미국의 영향력을 높일 것이다. 외교적 측면에서의 상당한 노력을 통해 양자·다자관계 등에서 우위를 점할 수 있도록 노력할 것이다. 이를 통해 미국의 이익을 보호하고, 경제적 기회를 찾고자 노력할 것이다.

미국은 자유시장 경제와 정치적 안정, 평화 등을 증진하려는 목적을 이루기 위해 노력하고, 이를 위해 적극적인 파트너십을 맺고자 한다. 미국은 법치와 인권 등을 지지하고, 미국 우선주의 외교 정책을 통해 미국의 힘을 강화할 것이다. 또한 국제 사회에서 평화와 번영 등의 조건을 달성시키게 하는 미국의 영향력을 확대하고, 중국과 러시아 등 수정주의 국가Revisionist Powers들의 도전에 강력하게 대항할 것이다. 이 노력을 바탕으로, 미국은 이익을 증진하고 원칙에 기반한 현실적 정책을 취한다."

트럼프 대통령의 '국가안보전략'은 2025년에도 또 다른 버전으로 발표될 것으로 보입니다. 즉 구체적 문구와 표현은 다소 달라질 수 있지만 '미국 중심의 국제적 질서'의 측면에서 예전에 미처 이루지 못했던 질서의 재건을 겨냥할 가능성이 큽니다.

트럼프는
중국-러시아 연합을
가장 두려워한다

트럼프는 중국과 러시아에 대해선 어떤 정책을 펼칠까요? 2017년 12월 트럼프 행정부가 미국이 국제 사회에서 이행해야 할 과제를 언급했던 '국가안보전략'의 첫째 내용을 살펴보면 다음과 같습니다.

> "중국과 러시아와 같은 수정주의 국가가 기술, 정보, 무력 등을 총동원하여 미국과 세계 질서에 반하는 영향력을 지니고 있다. 이러한 수정주의 국가들은 전 세계의 합리적 이해와 가치에 반하는 질서를 만들고자 영향력을 확대하고 있는데, 이는 미국의 국제적 지위를 위협하는 가장 큰 위협 요소이다."

첫째 내용은 과거 냉전 체제의 주요 국가였던 러시아(소련)의 재부상을 매우 위험한 요인으로 보고 있습니다. 한편으로 러시아의 잠재력을 인정한다고 볼 수 있습니다. 또한 미국이 중국과 러시아가 연대할 경우에 미칠 파급력을 두려워한다는 걸 시사합니다. 즉 '안보-기술-경제-무역'이 일련화되는 국가의 힘이라는 측면에서 이미 미국에 적대감을 보이는 중국이 러시아와의 연합을 공고히 하는 것을 크게 우려하는 것입니다.

사실 미국이 패권을 지니게 된 계기는 제2차 세계대전으로 인한 영국의 몰락이었습니다. 이런 측면에서 만일 '경제-무역'은 여전히 미국이 강건하지만, '안보-기술'의 입장에서 러시아와 중국이 연대한다면 그 파급력은 크게 확대될 수 있기 때문이지요.

특히 중국의 경우 최근 공표한 신기술의 수준이 매우 개선된 것으로 나타났는데 'AI를 활용한 통신장비 솔루션 기업, 위성통신, 양자컴퓨팅, 위성통신 기반의 우주산업 개발 확대' 등에서 개선된 기술을 표출했습니다(2024년 6월 MWC상하이 중국 통신 기술력 발표회).

또한 러시아의 경우 이미 미국과 대적할 만한 수준의 우주 기술력을 보유하고 있습니다. 과거 소련 시기에는 세계 최초의 인공위성 스푸트니크, 최초의 유인 우주 비행, 우주 유영, 우주 정거장을 성공시킨 바 있고, 핵전력 보강을 위한 ICBM(대륙간 탄도 미사일) 체제를 이미 안정적 수준까지 높여 두었습니다.

물론 2000년대 이후로는 로켓과 우주선을 비롯한 발사체 분야 등에서 러시아는 재정의 한계를 맞이하면서 미국에 열위인 상태지만 여전히 세계 2위권의 우주 개발 국가이며, 러시아와 중국이 합세할 경우 파급력은 매우 강해질 수 있습니다. 실제로 2022년 미국이 러시아에 경제 제재를 가하는 동안에 중국-러시아 협력 관계는 상당히 진척되었습니다. 중국은 러시아를 대상으로 많은 자원을 공급했으며, 중국은 그 대가로 러시아로부터 잠수함이나 미사일 같은 첨단 기술들을 공급받아 왔습니다. 특히 러시아는 미사일 방어 부문에서 군사적 기술 우위를 점하고 있는데, 이 기술이 미국에게도 상당한 위협이 될 수 있습니다. 러시아의 기술인 이동식 방어시스템(S-550)은 ICBM 외에도 위성을 공격할 수 있으며, 미국과 군사적 충돌이 일어날 경우 미국의 우위를 빠르게 약화시킬 수 있는 것으로 평가됩니다.

국가 안보의 측면에서 보았을 때 트럼프 입장에서도 중국과 러시아의 연대가 강화되는 것을 방지하는 일은 매우 중요한 과제입니다. 이를 위해서도 국가(권역별) 맞춤 전략이 매우 중요한데, 우선 중국에 대해서는 제반 분야에 대해 확장(경제, 무역, 외교)을 막는 것이 중요할 것입니다. 즉 대중국 정책에 있어 미국은 기존처럼 압박과 통제를 지속하는 것이 유일한 해법일 것입니다.

1.0 시기에 트럼프 행정부는 중국을 '미국의 국익과 가치에 반하는 수정주의 국가' 혹은 '주변 국가들을 억압하는 최대의 안보 위협국'으로 규정하고 일본과의 협력을 강화하는 한편, 남중국해에서 군사력을 과시하면서 중국을 압박했습니다. 대만 문제와 관련해서도 미

국은 '하나의 중국' 원칙에 대해 부정적으로 언급했고, 오히려 대만에 무기를 판매하는 정책을 발표하면서 중국을 강하게 견제했습니다. 이외에도 홍콩, 신장 위구르 지역의 인권 문제에 대해 중국 공산당 정부의 비합리적이고 비정상적 행태를 강하게 비난했습니다.

트럼프는 새로운 2.0 행정부에 들어서도 무역 정책과 연계하여 중국에 산업적·외교적 압박을 동시에 가할 것임을 언급했습니다. 중국에 대한 최혜국대우-Most Favored Nation trade status를 철회하고 중국의 제약품, 전자제품, 철강 등의 물품 수입을 단계적으로 중단하는 '4개년 리쇼어링 계획4-year national reshoring plan'을 채택할 것이라고 밝혔습니다. 이를 위해 의약품, 생산시설 등이 미국 내에서 만들어지거나 정착될 수 있도록 행정명령을 시행할 것이라고 했죠. 이외에도 미국 내 사회적 안보 시스템을 어지럽힐 수 있는 중국 관련 인사들과 중국 연계 금융자산 등을 통제하고 동결하는 정책을 시행할 것으로 보입니다.

다만 대러시아 정책과 관련해서는 중국과는 다소 차이를 보일 것입니다. 러시아에 대해 미국은 공식적으로는 '수정주의 국가'로 표현하면서 협력보다는 주로 통제를 하고 있습니다. 하지만 비공식적으로는 러시아에 유인Incentive을 제공하면서 중국과의 연대를 약화하고 있습니다. 특히 러시아는 유럽과도 예민한 관계에 있습니다. 공식적으로는 미국과 유럽이 러시아를 제재하지만, 유럽이 미국의 외교 정책에 다소 이견을 보이며 불만을 표출하고 있지요.

이에 미국 입장에서는 러시아는 통제의 대상이기도 하지만 또 다른 관계, 즉 유럽에 통제력을 발휘하기 위해 일종의 지렛대가 되기도 합니다. 그러므로 미국은 러시아에 대해선 '제재와 회유'의 방식을 취하며, 미국의 이득을 최대화하는 방식을 취할 수밖에 없는 것입니다.

좀 더 자세히 살펴보겠습니다. 일단 트럼프는 '신고립주의' 정책에 맞추어 이스라엘 연합(사우디, UAE 등)의 경제적 교류와 함께 이 연합국들이 중동 지역 내에서 세력을 확장하는 데 노력을 기할 것으로 판단됩니다. 이는 결국 이스라엘 연합이 이란과 관련된 국가를 직·간접적으로 압박하는 계기를 제공할 것입니다. 즉 처음에는 트럼프 대통령이 적극적으로 개입하겠지만 이후에는 미국의 동맹국 연합이 경제적, 군사적 세력을 확장함으로써 중동 내에서 미국이 원하는 질서를 구축하는 형태를 추구할 것입니다.

참고로 과거 1.0 시기에 이란 지원을 받는 예맨의 후티 반군이 사우디 본토를 공격하면서, 사우디는 예멘 내 모든 항구를 봉쇄했습니다. 이후 미국은 사우디를 중심으로 한 아랍 연합전선에 침략과 공격이 발생할 경우 공중 급유 및 민간인 사상자 초래를 막기 위한 군사적 기술을 제공한 바 있었습니다.

이러한 중동 지역의 통제 전략은 결국 러시아에 대한 외교와 안보 정책에도 변화를 일으킬 것으로 판단됩니다. 즉 트럼프 대통령은 러시아에 대한 경제 제재를 완화하면서도(바이든 정부의 부산물을 제거), 중동 지역 내 이란의 대리인 군사 세력을 직접 억제하여 러시아에 간접적인 경고를 할 것입니다. 즉 중국-러시아 연대력을 약화하기 위해 러시아에 경제적 인센티브로 회유하고, 한편으로는 중동 내에서의 군사작전으로 러시아를 압박하는 형태가 될 것입니다. 이러한 러시아에 대한 '회유와 간접적 압박' 속에서 트럼프 대통령은 이전처럼 푸틴 대통령에 대한 친근함과 경칭을 이어갈 것입니다. 트럼프 입장에서는 중동에서의 외교와 안보 정책이 미국 리더십 제고를 위한 첫걸음이며, 때문에 매우 강력하고 신속한 형태로 정책을 시행할 것으로 판단됩니다.

한국,
방위비 폭탄
피할 수 있다

트럼프는 선거 캠페인에서 밝힌 바와 같이 북대서양조약기구NATO 동맹국들이 더 많은 돈을 부담하도록 하고, 중국과 러시아, 북한, 이란 등의 국가에 대한 외교적 본보기로 아랍 국가들에 대한 강한 고립주의 정책을 시행할 것으로 보입니다. 특히 바이든 정부에서 전쟁 중인 우크라이나로 보낸 물품과 복구 비용에 대해 유럽이 배상할 것을 요구할 것으로 보이며, NATO의 목적을 근본적으로 재정의하는 작업, 즉 미국이 전 세계 안보 협력 체계를 다시금 조정하는 작업을 시행할 것으로 판단됩니다.

트럼프는 2.0 시기에도 과거와 동일하게 군사력 확보에 상당한 노력을 기울일 것입니다. 구체적으로 미국의 핵무기를 개선하고, 우주군을 확대 창설하는 방식이 될 것으로 보입니다. 트럼프는 자신의 외교와 안보 정책이 '힘을 통한 평화'라는 기조 아래 가능하다는 것을 역설했는데, 이는 모든 위협으로부터 미국을 방어하고, 모든 위험으로부터 미국을 보호하며, 불필요한 전쟁에 미국이 개입하는 것을 막는, 한마디로 미국만을 지키겠다는 스탠스입니다. 이를 위해 차세대 미사일 방어막 구축, 국방 산업에 대한 전폭적인 재정 지원, 보수적 성향을 지닌 군인들의 지위 승격 등을 시행할 것으로 판단됩니다.

지금까지 살펴본 트럼프 대통령의 외교, 안보 정책들은 결국 '거래 중심적 동맹관'의 형태로 직결됩니다. 무역 정책 등과 관련하여 미국의 이익을 보장하는 국가에 대해서는 상대적으로 한층 약화된 외교와 안보 정책을 취할 가능성이 크다는 의미입니다.

한국이 트럼프 2.0 시대에서 승리하려면 이러한 '거래 중심적 동맹관'을 잘 이해하는 것이 필요합니다. 다행히 이런 측면에서 중국을 견제하고 경제적 이익을 취하기 위해 미국은 한국을 안보, 경제, 기술 협력의 대상 국가로 지정할 가능성이 큽니다. 그렇다면 결국 한미 동맹의 시스템은 유지하되, 한국이 미국의 무역에 이익을 제공하는 부분이 존재하는지가 한미 관계의 중요한 포인트로 작용할 것입니다.

트럼프 대통령의 거래 중심적 동맹관을 기반으로 하면 한미 무역 협정, 한미 연합군사 훈련, 전략 자산의 한반도 전개, 방위비 분담금 등이 한 차원의 틀로 인식될 수 있습니다. 이러한 일련의 측면에서 한국이 미국의 이익을 약속하는 정책을 시행하면, 나머지 사안들에 대해서는 한국에게 인센티브를 줄 수도 있을 것입니다. 예를 들어 미국에 대한 투자를 약속할 시 방위비 분담 부담을 크게 증액하지 않는 식으로 말이죠.

2025년 한미 방위비 분담금특별협정Special Measures Agreement, SMA이 종료되는데, 미국과 '주고받기 정책 대응'을 충분히 한다면, 한국의 안보적 위험을 최소화하는 데 도움이 될 것으로 보입니다. 특히 트럼프 대통령은 임기 초반부터 각 국가의 기여도, 다시 말해 미국의 안보와 무역 등에 있어서 다른 나라들이 얼마나 기여하는지를 빠르게 판단할 것으로 예상되는데, 한국 입장에서는 미국의 이익에 기여하는 정책을 도입하는 것이 매우 중요할 것으로 보입니다.

결국 많은 국가가 트럼프 행정부와의 외교적 접촉을 시도할 것이지만, 우선적으로 가시적인 정책을 발표(미국 지원)하는 국가에 대해서는 상대적으로 좋은 이익을 제공할 것으로 판단됩니다. 한국 역시 미국이 지향하는 질서의 체계에 맞추어 변화한다면 상대적으로 트럼프 2.0 시기에도 순조로운 흐름을 이어갈 것입니다.

한편 트럼프 행정부 출범 시에 미국의 통상 및 안보 정책의 변화로 인해 가장 많은 영향을 받을 것으로 예상되는 국가는 멕시코, 중국, 캐나다 등으로 요약될 수 있습니다. 이 국가들은 무역적인 이익을 미국에 제공하지 않을 경우 상당한 안보상의 부담과 위험을 감내해야 할 수 있음을 의미합니다. 마찬가지로 안보적으로 미국에 충분히 기여하지 않는다면, 무역에서 상당한 불이익을 받을 수 있습니다.

결론적으로 트럼프 대통령은 닉슨 독트린과 유사하게 미국의 이익만을 생각하며, 미국식 질서를 위해 '직·간접적인 개입'을 혼용하여 정책을 시행할 것입니다. 사실상 닉슨식 독트린의 방편을 알고 나면 표면적으로 보이는 트럼프 대통령의 '예측 불가능성, 즉흥성'의 이면에 오히려 '체계적이고 계획적인 정책'이 자리 잡고 있다는 것을 이해할 수 있습니다. 트럼프 대통령의 대외 정책들은 '강건함과 온건함'을 동시에 구사하는 보수적인 공화당의 정책을 그대로 답습하고 있으며, 링컨과 레이건 대통령처럼 정치적 코멘트의 화려한 수사법을 그대로 이용하고 있음을 확인할 수 있습니다.

이러한 닉슨식 트럼프 독트린은 사실상 미국적 대중주의에 기본을 두고 있습니다. 미국적 대중주의라 함은 결국 어떠한 정책을 실시하든지, 반드시 미국인(미국 유권자)들의 지지와 호응을 원칙으로 함을 의미합니다. 즉 기본적으로 트럼프 대통령은 미국 내 여론을 상당히 신경 쓸 수밖에 없으며, 집권 초기에는 **트럼프식 질서를 구축하기 위해 강력한 힘을 발휘할 것입니다. 인권주의를 강조한 바이든 정부의 경우 미국의 동맹국인 튀르키예와 카타르의 친러, 친이란 밀착 행보를 방관했고, 이에 트럼프 방식의 역내 동맹 질서는 붕괴되었습니다. 그 틈새를 타고 러시아는 시리아와 협상을 지속했고,** 아제르바이잔과 아르메니아의 갈등을 중재하며 힘을 과시했습니다. 또한 튀르키예는 이란 외에도 중국과도 친밀한 교역 관계를 이루었으며, 이는 '중동 지역-러시아-중국'에서의 미국 리더십이 약화되었음을 반증합니다.

다만 초기의 강한 통제와 압박으로 리더십을 복원하고, 트럼프 정권 후기로 가면서는 미국 내 여론의 향방을 보면서 완전한 비개입주의, '소프트 외교 전략'으로 전환할 것으로 보입니다. 결국 닉슨식 독트린을 계승한다는 것은 결국 미국 중심의 리더십 복귀가 최우선 과제라는 것을 의미하기 때문입니다.

그리고 공화당이기도 하면서 트럼프의 가족(트럼프 주니어)이 대통령의 명맥을 잇기 위한 '명예로운 퇴진'이 두 번째로 중요한 과제이기 때문입니다. 결국 트럼프 집권 초기 1~2년 중에서는 '강건한 일부 개입과 신고립주의, 다자적 외교' 등으로 비동맹국들을 외톨이로 만드는 전략에 집중할 것입니다. 그러나 후기 1~2년 중에는 트럼프식 질서 체제에서 역외균형(오프쇼어링 밸런싱) 전략에 집중하면서, 오히려 미국 내에서의 여론을 인식하며 명예로운 퇴진을 할 것으로 예상됩니다.

TRUMP

7장

PANIC

트럼프가 일본에게
취할 전략

트럼프 1.0 시기 일본은 누구보다 앞서 적극적으로 미국에 협조하려는 모습을 보여
줬다. 이러한 일본의 태도는 기존의 정책에서 크게 변모된 형태인데 2010년대에
만 해도 일본은 '독립 외교'를 추구하며 미국에 대한 의존도 줄이고 중국과도 원활
하게 교역하기 위해 노력했기 때문이다. 이번 장에서는 트럼프 2.0 시기, 한국의 경
쟁자가 될 일본이 어떤 모습을 보여줄지 예측하고 한국이 어떻게 대응해야 할지에
대해서까지 살펴보도록 하겠다.

미국의
안보를 위해
뛰었던
아베

01

다가올 트럼프 2.0 시대, 일본이 어떤 모습을 보여줄지 궁금하실 분들이 많을 겁니다. 미국은 일본과 어떤 외교적·안보적 관계를 취할까요? 이번 장에서는 과거 트럼프 대통령 1.0 시기 양국의 관계를 살펴보고, 다가올 상황을 예측해 보고자 합니다. 나아가 이를 통해 한국이 어떤 선택을 해야 하는지 힌트를 얻고자 합니다.

트럼프 1.0 당시 일본의 총리는 자민당의 아베 총리였습니다. 아베는 미국의 이익에 응하는 '사전적인 정책'을 취함으로써 트럼프 행정부와 긴밀한 협력 관계의 초석을 만들 수 있었습니다. 트럼프 대통령이 취임하기 전, 아베는 인도네시아, 필리핀, 베트남 등지에 대해 외교와 경제 및 안보 협력을 강화하는 '전략적 조정'을 발표했습니다.

동남아시아에서 일본 자위대의 존재감을 확대하고, 일본의 방위 외교를 강화하려는 의도였습니다. 동시에 아시아 지역에서의 입지를 굳힘으로써 이를 바탕으로 미국에 협력 국가로서의 매력을 보여주기 위한 사전적 정책이었습니다. 이미 2015년부터 아베 총리는 미국 의회의 상·하원이 함께하는 합동 회의에서 다음과 같이 발언했습니다.

"우리는 아세안(ASEAN), 한국 등과 많은 분야에서 협력을 강화하고 있습니다. 아시아 파트너들을 미일 동맹의 중심 연합에 추가하면, 지역의 지정학은 매우 안정세를 보일 것입니다."

이 발언의 취지를 해석하면, 아베 총리는 아시아 지역에서 동맹의 포석을 갖추고, 이러한 아시아 연합을 기반으로 미국과의 동맹을 강화하려 한 것으로 볼 수 있습니다. 즉 아시아의 많은 국가와 연합함으로써 미국이 아시아·태평양 지역에서 리더십을 확보할 수 있도록 충분한 기회의 이익을 제공하고자 한 것입니다.

이러한 일본의 사전적 포석 정책을 바탕으로 트럼프 대통령 당선 직후, 아베 총리는 미국에 안보 협력을 끊임없이 요청했습니다. 그리고 2017년 8월, 일본과 미국은 양자 간의 동맹을 다지는 계기를 마련할 수 있었습니다. 동맹의 내용은 다음과 같습니다.

"동맹국은 양자 및 다자간 안보 협력을 재확인하고, 미국 핵 전력을 포함한 모든 역량을 통해 일본의 안보에 대해 공약한다. 또한 상호의 안보 관계를 더욱 다각화하는 데 주력을 다하고, 3자 및 다자간 안보와 방위 협력을 진전시키기 위한 지속적인 동맹 노력을 다한다. 또한 동맹국이 규칙에 기반한 국제 질서와 동남아시아 국가에 대한 역량 구축 및 방위 장비와 기술 이전에 주력한다."

한편 이러한 일본의 적극적인 대미 공조 정책은 사실상 기존의 정책에서 크게 변모된 형태라고 할 수 있습니다. 본래 일본 자민당은 2010년대에는 자위대를 바탕으로 한 '독립 외교'라는 외교 정책에 집중하고자 했습니다. 즉 2010년 전후로 미국의 금융화가 가속화되고 중국의 제조업 역량 강화가 심화하면서 일본은 미국에 대한 지나친 의존을 줄이고, 중국과의 원활한 교역을 위해 노력했습니다. 이에 일본은 '아시아 일원'으로서의 지위를 재확립하는 데 초점을 맞추고, 이에 적합한 국가 정책으로의 전략적 방향 전환에 대해서도 고민했습니다.

실제로 2009년 자민당의 신임 총리 하토야마 유키오는 동아시아를 '일본의 기본 생활 공간(세이카츠 쿠칸)'이라고 표현하고, 이 지역에서 안정적으로 경제 협력과 국가 안보 프레임워크를 구축하기 위한 노력의 필요성을 강조한 바 있습니다. 특히 미국 중심의 시대가 다자화 시대로 대체되고 있다고 언급하면서 '일본이 미국과 중국 사이에 끼어 있는 동안 어떻게 정치적, 경제적 독립을 유지하고 국가 이익을 보호할 수 있을까?'라는 질문을 바탕으로, 다소 독립적인 스탠스를 표출한 적도 있습니다. 특히 당시 미국에 대한 일본의 높은 의존적 정책은 수정될 필요가 있으며, 일본이 중국에 대해서도 중도적인 자세를 유지하면서 다자간의 협업적 체계가 필요함을 역설했습니다. 즉 트럼프 대통령 1.0 이전까지는 일본도 아시아 지역에서의 자체적인 역할론과 '미국과 중국' 사이에서 일본의 '중도적 스탠스'를 중요시한 것입니다.

일본은 미국에게
가장 먼저
선물을 제시할
것이다

2017년 트럼프 1.0의 시대가 열리면서 일본의 외교 정책 방향은 완전히 바뀌게 됩니다. 일본의 태도 변화는 당시 아베 총리의 외교 선언문에서 확인이 가능합니다.

> "최근 남중국해와 동중국해에서 중국의 군사적 활동이 아시아·태평양 지역에서의 불안정을 심화시키고 있습니다. 이에 일본은 평화, 번영, 안정을 위해 해상 협력을 강화할 필요가 있고, 미국-일본 동맹 관계를 궁극적으로 보완하고 강화함으로써 미국-일본 동맹에 다시 집중하는 것이 목표입니다."

즉 일본은 10여 년간 지속된 다극화 정책과 중도적인 정책을 트럼프 대통령 선출을 계기로 대폭 수정하며 다시 미국과의 외교 협상에 집중했습니다. 이를 위해 아베 총리는 미국에 대한 투자(금융과 기업 모두 포함)를 약속했고, 특히 FDI(기업 직접투자)는 꾸준히 늘려 왔습니다.

물론 이 투자 약속만으로 미국과의 협력적인 관계를 단번에 달성할 수는 없었습니다. 트럼프는 취임 첫 주에 환태평양경제동반자협정TPP에서 탈퇴했으며, 이에 일본은 아시아·태평양 지역 11개국이 결성한 다자간 자유무역협정인 CPTPP(포괄적·점진적 환태평양경제동반자협정)를 결성해 미국이 동참해 주길 요청했습니다. 일본이 이렇게 한 것은 트럼프 취임 이후 아시아·태평양 지역에서 미국 중심의 '재균형Rebalance'이 형성될 것으로 판단했기 때문입니다.

실제로 당시 아시아·태평양의 지정학적 지형은 중국 중심의 지정학적 구도 형성, 북한의 핵과 미사일 능력의 제고 등으로 일본의 입장에서도 불확실성이 높아진 상태였습니다. 특히 중국의 공군, 해군, 해안 경비대가 급속도로 현대화되었고, 중국의 해군은 남중국해와 동중국해에서 주권을 주장했습니다(이 지역을 '회색 지대'로 주장하면서, 중국의 오너십을 직·간접적으로 주장). 이에 일본은 미·일 안보 조약을 다시 확고히 맺으며, 미국과의 협력 외교에 돌입합니다. 참고로 미·일 안보 조약 제5조는 공개적인 군사적 침략을 억제하는 데 중점을 두고 있습니다.

일본은 결국 과다하게 확장되는 중국 중심의 지형도에 불안함을 느끼게 되었고, 이에 아베 총리는 헤지 차원에서 안정적인 미·일 관계를 형성하기 위해 끊임없이 노력한 것입니다. 실제로 아베 총리는

2017~2020년 사이 주요국 중에서 트럼프를 가장 많이 만나며 회담을 성사시켰습니다. 또한 TPP를 수정한 CPTPP를 바탕으로 미국의 참여를 요청함으로써, 일본 스스로 아시아·태평양에서의 '미국 주도 리더십'을 형성하기 위해 노력한 것입니다.

당시 일본 내에서의 기류도 미국과의 협상에 대해 "단순한 경제적 이익을 넘어, 안보 측면에서 매우 중요하며 장기적으로 전략적 가치가 크다"라는 평가가 주를 이루었습니다. 특히 다수의 일본 국민(39%)이 아시아 지역에서의 일본 지위 수호와 중국에 대한 견제를 위해서는 "워싱턴과 도쿄가 직접적, 적극적으로 협력해야 한다"라는 것에 크게 동의했습니다(Kafura, 2017).

결국 이러한 미·일 동맹 속에서 일본은 긴밀한 안보 관계를 맺게 되었고, 공통의 무역 목표(자유롭고 개방적인 인도·태평양)를 구축하는 성과를 도출했습니다. 즉 일본은 미국에 먼저 미국의 이익에 부응하는 '충분한 인센티브'를 제공했고, 공통의 목표를 설정함으로써 일본의 전략적 가치를 입증하는 계기를 마련한 것입니다. 그리고 미일 동맹을 허브로 하여 보편적 가치와 안보 이익을 공유하는 국가와의 협력 사안들이 추가되었고, 미군과 자위대 간 상호 운용성 강화를 위한 지휘 통제 체계까지 갖추었습니다.

이후 2024년 최근까지 미국과 일본은 다음과 같은 안보와 외교에서 밀착적인 관계를 이루어 왔습니다.

방위 장비의 공동 개발 및 생산을 위한 정기 협의, 동맹의 정보 공유 능력 확대, 미·일·호 3국 간 정보수집 경계 감시와 정찰 활동 조정 추진, 한·미·일 간 복수 영역의 공동 훈련 실시, 2025년부터 미·영·일 사이 정기 공동 훈련 실시, 미·일 중요 인프라 사이버 안보 협력 강화, 첨단 및 범용 반도체 등 특정 부문에서의 공급망 관련 미일 정책 논의, 신흥 바이오 기술 개발 촉진 및 중요 기술 보호 외교, 미일 공동 인도·태평양 지역 투자 확대, 인도·태평양 지역에서의 협력 및 공동 외교 확대

미·일 협력 관계에서 가장 인상 깊은 부분은 바로 '인도·태평양 지역에서의 협력과 공동 외교'입니다. 즉 미국과 일본은 공동 군사 활동, 무기와 정보 공유, 첨단기술 공유 등 대부분을 함께하되, 아베 총리가 과거에 만든 준칙을 바탕으로 미국이 최종적으로 원하는 '인도·태평양'에서 외교력과 영향력을 확대하고 있는 중입니다. 특히 미국과 **일본은 3개의 공동 훈련(한·미·일, 미·일·호, 미·영·일)**을 유지하면서 안보 부문에서의 밀착적인 관계를 유지해 오고 있습니다.

일본 이시바 총리가
움직이기 전에
한국이 먼저
움직여야 한다

일본의 현재 총리는 이시바로 바뀌었기 때문에 트럼프 대통령은 일본에 대해서도 또다시 미국 이익에 부합하는 정책을 요구하며 압박할 것입니다. 다만 자민당 내부에서 이미 '미·일 협력 확대, 방위예산 대폭 확대, 방위 장비 이전 기준 완화' 등을 추진해 왔기 때문에 미·일 관계가 크게 변화하지는 않을 것으로 판단됩니다. 특히 '글로벌 파트너십'으로 규정된 미·일 관계는 안보적 측면에서 일본이 미국과 전 세계에서 가장 높은 수준으로 밀착되어 있다는 것을 반증하기도 합니다.

실제로 2022년 4월 발표된 미 국무부의 '통합국가전략'Integrated Country Strategy'에서 '미·일 동맹의 현대화'를 중요한 요소로 언급했고, 이러한 협력 관계가 미국의 이익을 증진하는 필수 요소인 것으로 정의했습니다. 향후 미·일이 공통 목표로 하는 '인도·태평양 전략' 등에서 양국의 밀착된 관계는 더욱 공고해질 것으로 판단됩니다.

결국 일본이 트럼프 대통령으로부터 관세, 방위비, 외교 등에서 압박을 받더라도 다시 일본은 미국에 이익이 되는 '공동의 목표'를 제시하며, 다시 한번 밀착된 관계를 보일 가능성이 큽니다. 즉 트럼프 대통령의 압박 정책 언급은 전 세계에 공통으로 시행되지만, 그래도 유일한 편(일본)은 봐 준다는 식으로 전개될 가능성이 큽니다. 물론 이러한 미·일의 관계를 고정된 것으로만 보고 후회하거나 견제하는 것은 합리적이지 못합니다. 오히려 한국 입장에서는 아베 총리 때부터 이어져 온 다음과 같은 정책의 방향성을 꼭 되새기고, 이를 바탕으로 한국만의 자체적인 응용 전략을 취해야 할 것입니다.

① 미국(트럼프 대통령)이 원하는 지역에서 미리 활발한 외교를 통해 리더십과 파트너십을 제고해야 합니다.
② 한층 강화된 파트너십을 바탕으로, 미국에 이익이 되는 전략(미국이 원하는 전략)을 자국의 원칙으로 구축할 수 있어야 합니다.
③ ①과 ②의 과정은 신속히 이루어져야 하며, 트럼프 대통령의 구체적인 외교 전략이 도출되기 이전에 미리 무엇이든 기여를 해야 합니다.
④ 위의 외교, 안보 협력 정책을 발표함과 동시에 미국과의 무역에서 기여하는 사항들을 강조하고, 미국과의 무역 협정 의도(미국에 제공할 이익의 관점)를 구체화해야 합니다.

⑤ ①~④의 과정을 반복적이고 동시적으로 시행해야 하며, 미세
적으로는 이 정책을 기반으로 자국이 취할 수 있는 기회(무역·안
보·리더십·협력)를 스스로 만들어 나가야 합니다.

앞에서 언급된 내용들은 트럼프 1.0의 경험을 바탕으로 한 전략
방향이기 때문에 이것이 꼭 트럼프 2.0에도 유효할 것이라는 보장은
없습니다. 하지만 항상 트럼프 행정부에서 발표된 '국가안보전략'의
취지는 '강한 미국과 안보'라는 목표를 이루기 위해 '경제적 수단과 정
책'을 수반한다는 것을 이해해야 합니다. 결국 미국의 최종적인 목적
은 가장 강한 안보의 미국을 지속하는 것이며, 이에 국가의 정책도
안보와 외교에서 미국에 충분한 기여를 하면서 다른 사항을 양보받
는 '주고받기식'의 정책을 이루어야 할 것입니다.

TRUMP

8장

PANIC

트럼프식 관세가
불러올 경제 쇼크

트럼프는 1.0 시기에 이어 2.0 행정부에 들어서도 상대국에 대한 일방적인 관세 정책을 펼칠 것으로 보인다. 중국처럼 무역전쟁을 벌이는 국가뿐 아니라 한국과 같은 동맹국도 예외는 아닐 것이다. 그러나 이러한 관세 정책은 계속해서 무차별적으로 추진되진 않을 것이다. 미국은 자국의 이익에 기여하는 국가에 한해서 차등한 대우를 해줄 것이다. 이번 장에서는 닉슨을 답습했던 트럼프 1.0 시기 관세 정책을 돌이켜 보고, 더욱 강력해질 트럼프 2.0 시기 관세 정책을 예측할 것이다. 그리고 트럼프의 핵심 정책 중 하나인 반이민정책이 어떤 진행 양상을 보일지 정권 초기와 후기로 나누어 살펴보려 한다.

닉슨을 답습했던
트럼프 1.0의
관세 정책

많은 사람이 트럼프의 귀환을 우려하는 이유로 트럼프가 공언하고 있는 강력한 관세 정책을 들 수 있습니다. 과연 트럼프는 어떤 관세 정책을 펼치고, 이것은 세계 경제에 어떤 영향을 미치게 될까요? 우선 과거 트럼프가 어떤 관세 정책을 펼쳤는지 살펴볼 필요가 있습니다.

트럼프 대통령은 과거부터 현재까지 일방적인 금의 불태환 및 관세 공표와 같은 닉슨의 정책 기조와 유사한 행보를 보여 왔습니다. 특히 관세 정책과 관련하여 본인을 '관세맨'이라고 호칭하며, 자신의 관세 정책이 미국의 부Wealth와 일자리를 지킨다고 외쳐왔습니다. 2017년을 기점으로 트럼프 대통령이 중국과 무역전쟁을 시작했을 때, 그는 중국의 시장을 개방하고 미국의 지적재산권을 확보하기 위해 필요한 조치라고 정당화하며 중국 관세의 합리성을 피력했습니다.

2018년 2월 트럼프 대통령은 중국산 태양관 제품에 대해 관세를 부과하기 시작했고, 이후 중국산 수입품에 25%의 관세를 부과했습니다. 당시 중국은 미국으로 수입된 의류의 약 41%, 신발의 72%, 여행용 상품의 84%를 차지했기 때문에 월마트는 수입 관세 인상이 결국 소비재 상품들의 가격 상승으로 이어진다고 경고했습니다.

실제로 당시 원자재와 최종 상품을 포함한 중국으로부터 투입되는 모든 제품군의 비용이 증가하면서 곧바로 미국 생산자들의 부담이 가중되었습니다. 예를 들어 미국 공장과 작업장에서 사용되는 중간재, 전기 모터, 자전거 부품 및 플라스틱과 같은 자본재 장비 등은 관세 발효 이후 즉각 가격이 상승했습니다.

또한 중국산 공급품의 비용 상승으로 최종재 제품에 대한 소비가 줄거나, 기업의 이윤이 감소하거나, 미국 노동자들의 실질임금이 둔화하는 등 여러 가지 부작용이 뒤따랐습니다. 상품 가격의 상승은 부수적으로 미국의 공공 부문 사무실, 공장, 학교 등지에서 투자가 지체되는 현상도 발생했습니다.

당시 트럼프 대통령은 미국인들의 실생활에 부작용이 발생했지만, 여전히 관세 정책에 대해 스스로 자랑스러워했습니다. 언론과의 인터뷰에서 트럼프 대통령은 이렇게 말했습니다.

"미국의 농부들은 세계에서 가장 빠르게 성장하는 시장에서 승부할 만큼 경쟁력을 지니고 있습니다. 하지만 중국의 불공정 무역으로 큰 피해를 받고 있습니다. 이에 강력한 관세로 미국 농부들의 경쟁력을 강화할 것입니다."

그러나 미국 내 실상은 매우 달랐습니다. 이미 미국 내 임금은 동남아시아 등과 같은 수출 신흥국과 상당한 격차를 보이는 상황이었습니다. 아주 간단한 전원 코드나 기본적인 전자제품도 대부분 동남아시아에 생산공장을 두고 만들어졌습니다. 다시 말해 미국은 이미 많은 제조업을 '오프쇼어링'한 상황이었고, 사실상 기본적인 제품들은 생산할 수단과 공장도 잘 갖추어지지 않은 사례가 많죠.

보다 상위 제조업 산업군에서도 중국 수입 관세와 이로 인한 보복 관세 등의 영향으로 큰 피해가 나타나기도 했습니다. 제너럴모터스나 캐터필러와 같이 중국에서 제품을 생산하고 판매하는 미국 기업들은 중국의 보복관세와 중국의 미국 제품 불매로 매출에 타격을 입었습니다. 캐터필러 외에도 애플, 테슬라 등과 같은 미국의 많은 다국적 기업은 사실상 중국에서 발생하는 매출이 상당한 비중을 차지하고 있지요. 결국 이 기업군들에서의 일자리 감소, 여러 분야의 다국적 미국 기업들의 매출 감소 등으로 연결되었습니다.

1.0 시기 트럼프는 미국 제조업의 '리쇼어링'을 위해 무역 협정 재조정을 포함한 다양한 정책들도 병행했습니다. 트럼프가 대통령으로 취임한 첫 주, 미국은 환태평양경제동반자협정TPP에서 탈퇴했습

니다. 이후 북미자유무역협정NAFTA과 한미자유무역협정KOR-US FTA 등을 재협상하며 미국 중심의 조건들을 내세웠습니다. 미국이 원산지 규정을 강화하고 무역 자유화의 핵심인 관세율을 조정하면서, 이 두 협정에서 자유무역 규정은 폐기되었습니다.

또한 트럼프 대통령은 1962년 제정되었던 무역확장법 232조를 근간으로 '철강 및 알루미늄'에 대한 관세를 부과했고, '자동차 및 부품' 등에 대해서도 유럽을 포함한 주요 국가들을 대상으로 관세를 부과했습니다. 무역확장법 232조는 안보와 관련된 무역 조치를 다루는 조항으로 특정 수입품이 미국의 안보를 위협한다고 판단될 경우, 대통령이 그 수입을 제한하거나 관세를 부과할 수 있는 권한을 부여합니다. 트럼프의 조치에 중국을 비롯한 유럽의 대부분 국가가 미국을 대상으로 수출품의 8%에 관세를 부과하는 등 보복 정책을 시행했습니다.

이러한 미국의 관세 부과와 근간이 되는 법안, 그리고 상대국의 보복관세에 대한 타임라인을 정리하면 다음과 같습니다.

2018년 2월: 태양광 제품에 관세 부과(무역관세법 201조)
2018년 3월: 철강·알루미늄에 대한 관세 부과(무역관세법 232조). 아르헨티나, 호주, 한국, 브라질, EU, 캐나다, 멕시코 등은 일시적으로 유예

2018년 4월: 중국의 보복관세 부과

2018년 6월: EU, 캐나다, 멕시코 등에 대한 철강·알루미늄 관세 유예 정지 및 실행

2018년 7월: 미국의 대중국 관세율 25%로 부과(무역관세법 301조, 340억 달러 상당 제품), 중국의 보복관세 부과(340억 달러 상당 제품)

2018년 8월: 튀르키예산 철강 제품에 관세율 50% 부과(무역관세법 232조)

2018년 9월: 미국의 대중국 관세율 10%로 부과(무역관세법 301조, 2,000억 달러 상당 제품), 중국의 보복관세 부과(600억 달러 상당 제품)

2019년 2월: 관세 부과 태양광 제품의 범위 축소(무역관세법 201조)

2019년 5월: 터키산 철강 제품 관세율을 50%에서 25%로 조정(무역관세법 232조)

2019년 6월: 미국의 대중국 상품(리스트 3군)에 대해 관세율 10%에서 25%로 상향(무역관세법 301조), 중국의 보복관세(60억 달러 상당 제품)

2020년 1월: 일본 대상 관세율 하향 조정

2020년 2월: 일반적인 15% 관세율을 7.5%로 하향 조정(슈퍼 301조)

2020년 8월: 캐나다 알루미늄 제품 관세율을 10%로 조정(무역관세법 232조)

2021년 1월: 일본 대상 관세율 축소 조정(미국-일본 무역 협정에 의거)

타임라인을 보면 시기별로 관세 정책에도 변화가 있었다는 것을 알 수 있습니다. 2018~2019년 동안에는 미국의 관세 부과가 중국을

중심으로 범국가적으로 시행되었습니다. 미국과 상대 국가들은 상호 간에 공격적으로 관세를 부과했지요. 하지만 2020년에 들어서는 제조업 등 미국 경기가 약화되는 것을 이유로 관세율을 축소하거나 일본의 경우처럼 관세 인하를 합의하는 사례가 늘어났습니다. 실제로 2020년 2월 14일에 트럼프 행정부와 중국 간의 '1단계 합의Phase One Deal'가 이행되면서 미국은 중국산 수입품에 대해 하향된 관세를 부과했습니다.

더욱 강력해진
트럼프식
관세 폭탄

앞서 우리는 과거 트럼프가 행정부 초기 범국가적인 관세 부과 정책을 실시했다는 것을 살펴보았습니다. 2.0 시기 트럼프식 관세 폭탄은 더욱 강력해져서 돌아올 것으로 판단됩니다. 먼저 미국의 핵심적인 상대국인 중국부터 살펴보겠습니다.

트럼프 1.0 시기 이후의 미·중 관세전쟁은 2018년부터 2022년까지 5단계에 걸쳐 진행되었습니다. 2018년 상반기(1단계)에는 관세율이 완만하게 상승하였고, 2018년 7월부터 9월까지는 양측의 관세가 급격히 인상되었습니다. 2018년 9월(2단계) 기준으로 미국의 평균 관세는 3.8%에서 12.0%로, 중국의 평균 관세는 7.2%에서 18.3%로 급상승했습니다.

2018년 9월~2019년 6월(3단계) 동안에 관세 변화는 거의 없었습니다. 2019년 6월~2019년 9월(4단계) 동안에는 양국이 새롭게 조정한 관세를 부과했습니다. 2020년 2월 17일 중국 정부는 중국 기업이 보복관세를 일시적으로 변제할 수 있는 방안을 발표한 바 있습니다. 또한 중국은 2020~2021년에 걸쳐 2,000억 달러 규모의 미국 상품과 서비스를 추가로 구매할 것을 미국에 약조했습니다. 하지만 이 약속은 이행되지 않았습니다.

이후 최근까지(5단계) 완화 합의에도 불구하고 양국은 여전히 상호 간에 높은 관세를 부과하고 있으며, 이는 2025년 트럼프 2.0에서의 새로운 규준이 되어 있습니다.

관세전쟁이 지속되는 동안, 중국은 다른 국가로부터 수입하는 상품에 대한 관세를 낮췄습니다. 평균 관세는 2018년 초 8.0%에서 2022년 초 6.5%로 하향했습니다. 한편 미국의 경우 다른 국가에 대한 평균 관세를 2.2%에서 3.0%로 상향했습니다.

2024년 기준, 미국의 중국산 수입 상품에 대한 평균 관세는 19.3%로 여전히 높은 수준을 유지하고 있습니다. 2018년 무역전쟁이 시작되기 전보다 6배 이상 높은 수준입니다. 미국이 중국으로부터 수입하는 금액의 66.4%, 약 3,350억 달러에 이르는 상품에 19.3%의 관세가 부과되지요. 한편 중국의 미국산 수입 상품의 평균 관세도 평균 21.1%로 매우 높은 수준을 유지하고 있습니다. 미국산 상품 중 약 900억 달러에 21.1%의 관세가 부과되는데 이는 중국이 미국으로부터 수입하는 금액의 58.3%에 이릅니다.

정리하면 현재 미국은 중국에 19.3%의 관세를, 다른 국가에는 3.0%의 범용적 관세를 부과하고 있습니다. 중국은 미국에 21.1%, 여타 국가에 대해서는 6.5%의 범용적 관세를 부과하고 있습니다. 그리고 트럼프는 2.0 시기에 여기에 더해 추가적인 관세를 부과할 것입니다.

우리가 앞서 살펴봤듯 트럼프 1.0 시기에 추진됐던 관세 정책들은 미국 경제에 긍정적인 영향보다는 부정적인 영향을 많이 끼친 것으로 추정됩니다. 연구기관인 옥스퍼드 이코노믹스Oxford Economics는 다른 제반의 경제적 요건에 의한 영향을 제거(금리, 내수 재정 정책 등으로 인한 영향을 제거하고, 관세만을 변수로 시뮬레이션한 것으로 추정)하고 2018~2019년 사이에 공격적으로 부과된 관세로 인한 미국 내 경제적 영향을 추정했는데요. 현재 기준으로 소득 수준 50% 이하 가계의 세후 소득이 약 3.5% 감소한 것으로 추정했습니다.

또한 바이든 행정부에서도 이어진 일련의 관세 정책으로 인해 다양한 통로로 경제적 왜곡과 부담이 발생했습니다. 상품 가격이 상승하면서 가계의 평균적인 직간접적인 세금 부담이 매년 1,700달러 이상 가중되는 것으로 추정되었지요.

트럼프 대통령은 '외국에 세금을 매김으로써, 그동안 미국이 빼앗기던 무역 이익을 충당한다'라며 관세 정책의 당위성을 주장합니다.

트럼프 1기 행정부에서 재무부 장관을 역임했던 스티븐 므누친은 "관세는 수입품에 대한 관세일 뿐, 세금이 아니다"라고 언급했습니다. 즉 트럼프는 '관세가 미국 재정에 도움을 주기 때문에 경기에 긍정적이다'라고 생각하는 것이죠.

하지만 대부분의 경제학자는 '관세는 미국 가계가 지불하는 해외 상품에 대한 세금(소비세)과 (생산자가 가계에 판매할 때, 과세를 고려하여 높은 가격에 판매하기 때문에) 생산자에 대한 간접 보조금'의 합으로 평가합니다. 미국 의회예산국CBO도 관세로 인해 2020년 개별 가계소득이 약 1,300달러 감소할 것으로 추정한 바 있습니다. 루스는 2019년 상반기에만 가계의 소비 관련 비용이 약 800달러 증가한 것으로 추정했습니다(Russ, 2019).

바이든 정부에 들어서도 중국산 전기자동차, 반도체, 철강, 알루미늄, 배터리, 태양 전지, 크레인 및 일부 의료 제품 등에 기존에 관세에 더해 새로운 관세가 부과되었습니다. 새로운 관세율은 25~100%까지이며, 이 제품군은 미국의 중국산 수입품 중에서 4% 비중을 차지합니다. 하지만 이러한 관세 정책은 사실상 제품에 추가적인 가격을 덧붙이는 셈이고, 보복관세로 범용적인 상품의 가격도 필요 이상으로 높아지는 경향을 만들게 됩니다.

쉬운 예로 미국산 철강이 일본, 독일, 중국의 철강보다 20%가량 비싼 경우를 가정하겠습니다. 만일 관세를 매겨서 세 국가의 철강과 미국산 철강의 가격이 유사해지면 미국산 철강에 대한 소비가 늘어날 것이라는 게 트럼프 대통령의 논리입니다. 하지만 철강은 단일품으로만 사용되지 않습니다. 자동차, 기계, 포크레인 등 철강을 재료로 만드는 모든 제품에 관세를 부과하지 않으면 효과는 없어집니다. 만일 철강으로 만든 모든 제품까지 관세를 부과해 가격을 높이면, 모든 철강 기반의 상품 가격이 상승합니다. 그러면 결국 미국 가계는 그전보다 더 많은 돈으로 소비해야 합니다. 자연히 부담이 늘어나고 가계가 전보다 구매를 덜하게 될 가능성이 생깁니다. 이 경우 가계가 그전처럼 소비를 지속하려면 소득(재정적 지원)이 많아지는 것 외에는 묘책이 없습니다.

트럼프 대통령은 1.0 시기 상대 국가가 보복관세를 부과하여 산업이 어려워지면, 연방정부가 보조금을 지급해서 피해를 줄여 주겠다고 주장했습니다. 실제로 당시 중국의 보복관세로 대두 등 중국의 미국산 농작물 구입이 줄었습니다. 이에 트럼프 행정부는 농민에 대한 보조금을 확대했고, 대부분의 보조금을 미국이 관세로 벌어들인 금액으로 충당했습니다. 결국 농민에 대한 보조금과 중국에 매긴 관세는 비슷한 규모로 상쇄되었습니다. 관세를 매긴 후 보조금을 지출하므로, 상계의 합은 0이 되는 것과 비슷합니다. 오히려 미국이 관세를 부과하면서 중국은 다른 국가에서 대체품을 찾아 수입하는 경향도 강해졌습니다. 실제로 중국의 업체들은 미국산이 아닌, 브라질산 옥

수수를 수입했습니다.

결국 트럼프식의 관세 정책은 끝이 없는 미로 게임과 같습니다. 만일 미국이 관세를 부과하여 상대국이 미국산이 아닌 다른 국가의 상품을 찾아가면, 미국은 국제 무역의 주도권을 위해 다른 국가에게 관세를 부과해야 합니다. 또다시 다른 국가가 관세율이 낮은 국가의 상품을 찾아서 수입하면, 미국은 해당 국가에 대해 관세를 부과해야 합니다. 경제분석가인 아론 플라엔과 저스틴 피어스도 2018년부터 관세 정책으로 인해 미국으로 향하는 공급망이 매우 복잡해지고, 필요 이상의 비용을 초래한다고 언급했습니다(Flaaen, Pierce, 2024).

이처럼 트럼프의 관세 정책은 비효율적이지만, 그럼에도 불구하고 2.0에 들어서 트럼프는 지금보다 더 높은 수준의 관세를 부과할 것이 확실시됩니다. 이미 트럼프 대통령은 2024년 대선 캠페인에서 중국뿐 아니라 대부분의 국가에 대해 관세율을 높일 것이라고 말했습니다. 트럼프는 2024년 7월 공화당 전당대회에서 "나의 계획을 그대로 이행하면 인플레이션은 완전히 사라지고, 일자리가 다시 활기를 되찾고, 중산층은 전례 없이 번영할 것이다"라고 말했습니다. 즉 1.0 시기의 관세 정책이 비효율적이었다는 사실이 후행적으로 분석되었음에도, 이번에도 트럼프는 행정부 초기에는 강력한 관세 정책을 시행할 것으로 보입니다.

현재 트럼프 대통령이 2.0 정부에서 추구하는 관세와 관련된 정책들은 830만 명의 불법 이주 노동자 추방, 미국의 모든 수입 상품의 관세를 10%p 인상하고 중국산 수입 상품의 관세를 60%p 인상, 연준에 대한 대통령의 영향력 확대 등으로 요약할 수 있습니다.

이번에 트럼프는 '트럼프 상호무역법Trump Reciprocal Trade Act'을 제정하여 빠르고 강력하게 움직일 것으로 보입니다. 트럼프 상호무역법은 무역 상대국이 미국에 부과하는 관세율이 미국이 부과하는 관세율보다 높을 경우 미국이 동일한 수준의 관세를 부과할 수 있도록 하는 내용을 담고 있습니다. 1기 시절 트럼프가 추진했지만 결국 실제로 시행되지는 못했는데요. 트럼프는 상대국이 미국에 보복할 경우, 미국이 신속하게 관세를 부과할 수 있는 항목을 제정하여 트럼프 상호무역법을 다시 추진할 가능성이 있습니다. 이외에도 트럼프 상호무역법에 담길 여러 가지 내용을 정리하면 다음과 같습니다.

- 트럼프 상호무역법을 근간으로, 관세 조치를 통해 상대국들의 대미국 무역 흑자 구조를 개선시킨다.
- 교역 상대국들에 대한 보편적 관세 부과 위협을 협상 레버리지로 활용하여 상호주의적인 무역 협상의 체결을 압박한다.
- 중국에 대한 제한이 없는 최고 관세를 부과하기 위해 1980년 이후 중국에 부여한 최혜국대우 지위를 철회한다.
- 중국에 대한 영구적정상무역관계를 철회한다.

- 미국 첨단기술 산업을 보호하고 육성하며, 이에 반하는 국가들에 대한 고강도 관세를 부과한다.

특히 주목할 만한 것은 중국의 PNTR 지위 철회입니다. PNTR 지위 철회가 이뤄질 경우 중국에 대한 제한이 없는 높은 관세를 부과할 수 있으며, 나아가 중국과의 통상관계가 전 분야에서 차단될 수 있습니다.

관세 폭탄에
예외국은 없다

트럼프 상호무역법을 근간으로 할 경우 미국은 EU에 대해서도 공
격적인 통상 압박 정책을 시행할 가능성이 큽니다. 미국과 EU 사이
에 존재하는 대립 사안들을 연결해서 생각해 보면 무역, 국방, 기후
변화, 디지털 무역 등과 같은 의제에서 서로 충돌할 것으로 판단됩니
다. 예컨대 트럼프가 탈탄소 정책을 반대하는 입장이기 때문에 이와
관련하여 EU와의 공동 정책과 무역 관계에서도 상당한 혼란이 가중
될 위험이 있습니다.

실제로 트럼프 대선 캠프에서 무역 자문을 맡았던 1기 행정부 무
역부 대표였던 로버트 라이트하이저의 말에 따르면 트럼프 대통령
은 EU도 표적하여 통상 압박을 시행할 것이라고 예고했습니다. 실상
EU도 최근에는 미국과의 5개년간 경제·외교 정책에서 무역 의제를

후순위로 격하하고, EU 자체의 경제 안보를 최우선 순위 의제로 설정하고 있습니다. 실제로, 유럽에서는 영국까지 합심하여 지역경제에서의 관세 피해에 적극적으로 대응하고자 고심 중입니다. 이는 트럼프 1.0 시기에 미국이 유럽과 동맹을 유지하는 것처럼 언급했지만 실질적으로는 유럽을 상대로 '철강·알루미늄 관세, 백신 전쟁, 외교 압박' 등의 정책을 시행했기 때문입니다.

이외에도 트럼프 대통령은 인플레이션감축법IRA 및 전기차 관련 정책을 상당 부분 조정할 것으로 공표한 바 있습니다. 물론 IRA의 경우 공화당 내부에서도 일정 수준의 지지로 인해 IRA 전체를 폐기하지는 못할 것입니다. 공화당의 일부 표밭에서의 유권자들 일자리가 걸려 있기 때문이죠. 하지만 상당히 축소, 조정될 여지가 있습니다. 구체적으로 IRA에 따른 전기차 세액 공제 관련 재무부 규정을 최소화하거나, 미 의회에 세액 공제 수준 하향을 요구할 가능성이 상당히 큽니다.

현실적으로 트럼프가 강경한 관세 정책을 시행할 경우 무역 파트너들이 보복관세로 대응할 가능성이 상당히 큽니다. 이렇게 되면 대부분의 국가에서 경기 침체 및 인플레이션에 따른 정책 혼선이 가중될 수 있습니다. 대표적으로 수출에 의존적인 국가들은 경기 침체 및 고물가 현상이 나타날 수 있고, 이는 글로벌 교역 규모를 축소하는 요인으로 작용할 것입니다.

한편 트럼프 대통령은 1.0 시기에 북미자유무역협정에서 멕시코의 저렴한 노동비용으로 인한 미국 상품의 피해를 언급한 적 있습니다. 이는 중국산 제품의 멕시코나 베트남 등을 통한 우회 수출에 따른 미국의 피해를 차단하기 위함이었는데, 이 정책을 고려할 때 2.0 시기에는 주요국 대상 노동 기준 강화를 요구하는 무역 협약까지 압박할 가능성이 존재합니다. 이외에도 미국의 관세 부과로 피해를 입은 국가들은 전략적 핵심기술 산업에 대해 상호 경쟁적으로 보조금을 지원할 가능성이 큽니다. 이는 전 세계적으로 예산 마련을 위한 채권 발행 증가로 이어지고, 이것이 글로벌 채권시장에 변동을 가져올 가능성이 상존합니다.

요약하면 트럼프 대통령은 '트럼프 상호무역법'을 제정하여 본인의 입지를 강하게 굳혀 나갈 것입니다. 또한 이 법안을 바탕으로 중국에 대한 제한 없는 관세 혹은 무역 관계 차단을 시도할 수 있습니다. 미국에 관세를 부과받은 국가들은 보복관세로 대응하거나, 국가 내부에서 산업 보조금 지급을 통해 피해를 최소화할 것입니다. EU도 예외가 아닙니다. 그리고 관세전쟁은 대체로 필요 이상의 비용을 증가시키며 글로벌 인플레이션 압박과 경기 약화를 초래할 수 있습니다. 즉 트럼프의 관세 정책은 미국이나 글로벌 경제에 대체적으로 부정적 효과를 창출할 수밖에 없습니다.

이제 구체적으로 트럼프 대통령이 2.0 시기에 시행할 수 있는 정책들을 종합적으로 예측하고 정리해 보겠습니다.

- **반도체과학법(CHIPS) 기반, 외국 기업에게 지급하는 보조금 축소**
  - → 보조금 혜택에 대한 '미국산 제품 사용(Buy America)' 등의 조건을 강화할 가능성
  - → 대만은 방위비와 보조금 협상 테이블에 동시 상정, 둘 중 하나 포기하게 강요(보조금 지급 조건을 강화 가능성)
  - → 미국 중심의 AI 클러스터링 완성을 위한 목표
- **IRA 보조금 및 세액 공제 조건을 폐지 혹은 축소(최소한으로만 유지)**
  - → 미국 내 여론을 인식하여 일자리를 위한 최소한의 조건 유지
- **대부분의 국가에게 생필품 제조 상품을 미국산으로 수입하게 하는 조항으로 무역 협정**
  - → 모든 필수품의 100% 미국 내 공급망 확보
- **일본제철의 US스틸 인수 무효화 요구 및 일본에 대해 일정 수준의 미국 철강 제품 사용 의무화**
  - → 일본의 새로운 총리인 이시바에 대한 새로운 협상 압박
- **한국산 화물자동차(픽업트럭)에 대한 25% 관세를 2040년까지 연장**
  - → 미국의 소형 트럭 산업을 보호
- **미국 바이오, 반도체 등 특정 핵심기술 보호를 위한 선별적 관세**
  - → 초기에는 관세를 부과하지만, 추후 선별적으로 관세 조정
- **보편적 관세 부과, 미국 수출 확대 위한 협상 레버리지 활용**

트럼프 패닉

→ 보편적 관세 부과에 있어서 예외의 적용 가능성(외교를 통한 협상 가능)

· **무역 협정과 환경, 노동 기준이 부재한 국가에 대한 규제 압박**

→ 우회 수출 방어, 미국 일자리 지키기 목표(실질적 효과 없음)

· **전통적인 에너지 산업(석탄, 화석, 천연가스)의 육성 전략**

→ 단기적으로 미국 및 글로벌 에너지 가격 안정화

· **미국 수출 확대 및 무역 적자 해소를 위한 산업 보조금 지급**

→ 여타 국가들에 대한 보조금 압박 정책과 형평성 논란 일으킬 전망

· **보조금 지급 요건 'Buy America' 강화**

→ 관세와는 별도로 미국산 제품 구입에 대한 압박 지속

· **중국의 우회 수출 대응 위해 주변국에 대한 수입 규제 조치 강화**

→ 중국 원산지와 중국 원재료 제품 수입 규제 강화(멕시코와 베트남 등에

대한 간접 규제)

＊다만 본래의 상품 국적지 파악이 어려워, 빈틈이 많을 것

· **해외로 유출되는 기술 통제와 중국과의 통상관계 단절(MFN, PNTR 철회)**

→ 중국 원산지와 중국 원재료 제품 수입 규제 강화(멕시코와 베트남 등에

대한 간접 규제)

＊다만 본래의 상품 국적지 파악이 어려워 빈틈이 많을 것

· **감세 등 빅테크 성장기업의 규제 철폐(세액 공제, 연구개발 인센티브 등 다중 정책)**

→ 미국만의 산업 육성 전략 지속(보조금과 유사한 측면)

이와 같은 관세와 무역 정책들은 트럼프 행정부 2.0기에서 더욱 구체화될 것이며, 이는 트럼프 행정부의 새로운 국정 기조인 '미국 우선 에너지 계획America first energy plan, 일자리 창출과 성장 Bringing back jobs and growth, 법질서의 회복Standing up for our law enforcement community, 모든 미국인을 위한 무역 협정Trade deals working for all Americans, 미국 우선 외교 정책America first foreign policy, 미군의 재건Making our military strong again' 등을 기반으로 강력하게 실행될 전망입니다.

무차별적 관세가
계속되진
않을 것이다

──────

04

트럼프 대통령의 관세 정책이 초래할 경제적 변화는 트럼프 행정부 초기 2년과 후기 2년으로 구분해서 생각해 볼 필요가 있습니다. 트럼프의 관세 부과와 상대국의 보복으로 인한 경제적 피해는 시차를 두고 반영되는 경향이 있기 때문입니다.

우선 초기 1~2년 동안에는 미국 내에서의 TCJA(세금감면및일자리창출법) 정책으로 내수 부양의 효과가 창출될 것으로 판단됩니다. 세금 감면과 일자리 창출에 따른 명목소득 증가로, 초기 1년 동안에 미국의 실질 GDP 기준 0.5~1.0%p를 높이는 긍정적 효과가 예상됩니다. 특히 트럼프 2.0 시기에도 1.0 시기와 마찬가지로, 미국 내 기업들에 대한 규제 혁신을 빠르게 시행할 것으로 보입니다. 이는 미국 기업들의 연구와 혁신을 촉진하고, 기업의 이익 체력을 제고하는 등의 긍정적 효과를 창출할 것입니다. 특히 연구개발R&D과 관련된 규제 철폐는 미국 기업과 산업에서의 부수적 효과(기업 간 혹은 산업간 시너지 효과 창출)를 만들 수 있습니다. 즉 경제 전반에 걸쳐 생산성 제고라는 긍정적인 효과를 만들고, 기초 R&D에 대한 정부 투자까지 가미되면서 신성장 산업 위주로 개선세가 확대될 것으로 보입니다.

다만 미국 내수에서의 긍정적인 정책 효과에도 불구하고 대략 2026년 하반기부터는 관세 부과에 따른 부정적 영향이 확산할 것으로 판단됩니다. 우선 새로운 관세로 인한 비용, 즉 수입품 관세 및 보복관세로 인한 최종적인 상품 가격 상승이 약 5,000억 달러로 추정된 트럼프 대통령 1.0 시기보다 4배가량 증가한 2조 달러 내외가 될 것으로 보입니다. 이는 미국 가계의 연간 명목소비 금액의 약 9~10%로 추산되며, 미국 내 상품 제조업도 다소 약화될 것으로 판단됩니다. 단 미국 관세 및 보복관세로 인한 미국 제조업 상품에 대한 손실은 수입, 생산, 소비의 탄력성에 따라 다소 상이합니다. 즉 '미국 기업이 가격 상승으로 인해 얼마나 더 많이 벌 것인가? 미국 내 소비자가 비싸진 상품을 얼마나 덜 소비할 것인가?' 등을 고려해야 하지요.

미국의 연간 수입금액은 GDP의 약 10%가량을 차지하는데, 가계 입장에서는 총소비의 30%가량이 수입품으로 소비됩니다. 그런데 트럼프 1.0 시기 관세 충격이 발생했을 때를 보면 미국 소비자들은 의

류, 기계, 전자제품 등 수입품 이용을 유지하는 경향이 있었습니다.
다시 말해 상품의 가격이 올라가면 멕시코나 베트남 같은 다른 지역의 대체 생산품을 소비하는 것으로 전환될 수 있다는 것을 의미합니다. 그러나 이러한 트렌드를 잘 알고 있는 트럼프 대통령은 멕시코나 베트남 등지의 생산품에 대해서도 관세를 부과할 것입니다. 이렇게 될 경우 미국 소비자들은 해당 품목을 전보다 비싼 가격으로 구입해야 하므로 소비는 하되 양을 줄이는 식으로 대응할 것입니다. 예전에는 옷을 두 벌 샀다면 이제 한 벌만 사는 형태로 말이죠.

이런 식으로 미국 가계의 소비가 줄어들면서, 미국 내수에서의 전체적인 소비도 줄어들 것입니다. 미국의 관세로 소비재 품목만 가격이 상승하는 것이 아니라, 기업들이 원자재를 살 때 필요한 돈도 커지기 때문입니다. 2023년 연방예산위원회CRFB의 발표에 따르면, 미국이 전 세계를 대상으로 10% 관세를 부과할 경우 상대국의 보복관세까지 감안한다면 전체적인 미국 소비자들의 비용 부담이 2조 달러까지 증가할 수 있는 것으로 추정됩니다.

이는 결국 미국 내수에서의 인플레이션 압력 증가로 이어질 것입니다. 미국 제조업이 중국을 위시하여 타국의 원자재에 대한 의존도가 여전히 높은데, 이런 환경에서 제품을 생산하려면 상품의 가격을 올릴 수밖에 없기 때문입니다. 처음에는 관세가 미국 '연방정부의 재정 수입'으로 인식될 수 있습니다. 하지만 결국 미국 가계가 수입품에 내는 세금이라는 특성이 강해지며, 가계는 그전보다 불필요한 비용

■ 미국의 관세율에 따른 미국 내 생산자 비용 상승 영향

관세 정책	GDP 대비 수입품 비중	수입품 가격 평균 상승률	수입품 가격 평균 상승률
미중 무역전쟁(2018~2019년)	1.8%	20%	0.4%
10% 전면 관세	9.8%	10%	1.0%
무역전쟁 상품에 대한 60% 중국 관세	1.0%	44%	0.4%
기타 중국 상품에 대한 60% 중국 관세	0.6%	60%	0.4%
새로운 관세 총계	-	-	1.8

출처: Peterson Institute for International Economics

을 지불하게 됩니다. 또한 미국의 수출 기업은 비싸진 원자재를 사용해야 하므로, 수출 가격이 높아져 상대국에게 수출하기 어려워질 것입니다. 이로 인해 인플레이션이 발생하게 되는 것이죠.

이런 악영향들은 미국 내 소득 계층별로 차별적으로 영향을 줄 것입니다. 즉 고소득 계층에 비해 저렴한 수입품에 의존적인 중·저소득 계층은 더 많은 비용을 지불하게 될 것입니다. 생필품에 대한 체감 가격이 상승하며 의식주의 불안을 야기하고, 이것이 결국 트럼프 대통령 지지자들조차 발을 돌리게 하는 원인이 될 수 있습니다.

참고로 트럼프 대통령 1.0 시기에도 중·저소득 계층들은 트럼프 대통령의 관세 정책으로 실생활에 어려움을 겪는 것에 불만을 가졌습니다. 불만은 여론 조사에서도 나타났는데, 2019년 당시 트럼프 행

정부에 대한 여론 조사 결과는 다음과 같습니다.

- 아메리칸리서치그룹: 불만 비율 57%
- NBC 뉴스/월스트리트저널: 불만 비율 54%
- CNN: 불만 비율 53%
- 폭스뉴스: 불만 비율 53%
- CNN(Texas): 불만 비율 50%

트럼프 행정부 초기에는 지지율이 높아지는 추세를 보였으나 2019년 미국인들 절반 이상이 트럼프 행정부에 대해 불만을 갖고 있었으며, 이후 트럼프 대통령의 공격적 정책으로 인해 여론이 점차 악화되었습니다. 사실상 트럼프 행정부에 대한 불만은 민주당 바이든을 지지하는 데 역반향적인 동인으로 작용했습니다.

당시 이러한 여론 악화로 인해 트럼프는 연방정부의 방침을 다소 변경하게 됩니다. 즉 2019년부터는 미국이 먼저 중국에 대해서 관세율을 일부 낮추는 무역 협정을 맺기 위한 외교를 제안합니다. 물론 이런 정책 변경 이후에도 주요 국가들에 대한 관세율은 크게 낮아지지는 않았지만, 추가적으로 관세를 부과하는 사례는 현저히 줄어들었습니다. 결국 트럼프 대통령은 '중국에게 미국산 상품을 구매하겠다는 약속을 받았다'라는 사실을 언론에 공표하고, 추가적인 강경책은 크게 펼치지 않았습니다.

종합적으로 정리하면 관세 정책의 부정적 효과는 트럼프 2.0 시기의 중반기 이후부터 가시화될 가능성이 크고, 이는 미국 내 여론을 악화시킬 가능성이 큽니다. 트럼프 대통령은 퇴진 이후에도 트럼프의 후대가 차후 대통령이 되도록 만들고 싶기에 여론에 상당히 민감한 경향이 있으며, 때문에 행정부 후기로 가면서 트럼프의 관세 정책은 상당 수준 재조정이 될 것으로 판단됩니다.

반이민 정책이
여론을 악화시킬
수밖에 없는 이유

트럼프 대통령은 관세 정책 이외에도 불법 이민자들을 추방하여 사회적 안정과 미국인 일자리 되찾기에 전념할 것을 선언했습니다. 이 정책은 국가 입장에서는 매우 합리적인 정책입니다. 다만 불법 이민자에 대한 정의와 불법 이민자를 추방하는 방식의 적절성에서 많은 문제가 생길 수 있습니다.

트럼프 대통령은 대선 캠페인에서 "미국 역사상 최대 규모의 국내 추방 작전을 실시하겠다. 미국 내 1,500만에서 2,000만 명에 이르는 불법 이민자들 중 약 830만 명이 노동 인구로 추정된다"라고 언급했습니다. 또한 1956년 아이젠하워 행정부 시절, 130만 명을 추방한 '윗백 작전Operation Wetback'을 모델로 삼을 것임을 밝혔습니다. 이에 대한 내용은 1장에서 간단히 설명했는데, 보다 상세히 정리해 보겠습니다.

웻백 작전은 은퇴군인인 조셉 스윙이 만든 이민법 집행 이니셔티브로 멕시코 이민자들(일부는 미국 시민권자)을 미국에서 추방하기 위해 군대식 전술을 사용한 것입니다. 하지만 사실상 합법적인 멕시코 이민자뿐 아니라, 불법 이민자 모두를 멕시코로 추방하는 것이 목표였습니다. 사실 멕시코인들의 미국 이주는 과거 미국의 농업 부흥을 위해 이루어진 자연스러운 현상이었습니다.

미국은 1900년대 초반부터 대규모 농업 산업을 키우기 시작했고, 많은 노동자가 필요한 상황이 이어졌습니다. 이에 1920년대부터 많은 미국 남서부 지역 내 농업지의 경작인들은 인건비가 싼 멕시코인들과 접촉했고, 매년 15만~20만 명가량의 멕시코인이 미국으로 이주했습니다. 이 중 10만 명 이상은 불법 이민으로 추정됩니다. 사실 멕시코 내에도 많은 경작지가 있었기 때문에, 멕시코 대통령도 농업 노동자들의 미국으로의 이민을 막기 위해 노력했습니다. 그럼에도 미국의 대형화, 기업화된 농업은 싼 노동력의 멕시코인들을 적극적으로 유입하였습니다.

노동력 문제를 동일하게 겪던 미국과 멕시코 정부는 1942년 '국경 보안 강화, 멕시코 불법 이민자를 멕시코로 귀한, 멕시코 합법 노동자들의 미국 노동 허용' 등을 골자로 하는 **브라세로 프로그램**Bracero Program **협정**을 체결했습니다. 이 합의가 이뤄진 후에도 미국의 이민국 관리들은 텍사스-멕시코 국경을 개방하여 수천 명의 서류 미비 노동자들이 국경을 넘을 수 있도록 허용했고, 멕시코 정부는 이에 강력하게 반발했습니다.

결국 1954년 아이젠하워 대통령 시절, 미국의 스윙 장군과 멕시코 정부 간의 협력을 바탕으로, 불법 체류 멕시코 국민을 대상으로 대규모 체포와 추방을 하는 웻백 작전을 시행하게 되었습니다. 국경 순찰대 요원, 버스, 비행기, 임시 처리소로 구성된 지휘팀 등이 합심하여 미국에 불법 입국한 멕시코인들을 찾아내 처리하고 추방했고, 이를 통해 단기간 내에 많은 멕시코인을 본국으로 추방됐습니다.

문제는 트럼프 대통령은 웻백 작전을 표방하면서 합법이든 불법이든 모든 멕시코인을 추방하려 한다는 것입니다. 하지만 만일 트럼프가 자신이 주장한 대로 830만 명에 달하는 불법 이민 노동자를 추방할 경우 일시적으로는 미국에 일자리가 늘어나겠지만, 잠재적 노동자 수와 미국 내 수요 감소 등으로 경제는 약화될 가능성이 큽니다.

특히 멕시코인들이 주로 일했던 농업 부문에서의 경쟁력이 약화될 수 있는데, 이는 곧 미국 내 생산된 농산물 가격의 상승으로 이어질 것입니다. 관세전쟁으로 높은 물가 부담을 지게 된 미국 소비자들은 결국 중국이나 브라질의 값싼 농산품을 찾게 될 것이고, 이는 결국 이민자 추방이 가계의 비용 부담만 높이는 결과에 그칠 가능성이 큽니다. 이것이 결국 미국 내 농업자들과 연관 산업 종사자, 소비자들의 여론을 악화시키는 계기로 작용할 것입니다.

8장에서 다뤘던 트럼프 행정부의 관세 정책과 이민자 정책으로 인

■ 미국의 내국인 인구 순증감과 순이민자들의 비율

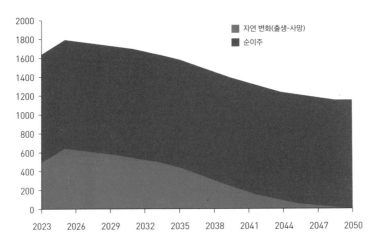

출처: Oxford Economics

■ 2020년대 이후 미국 노동자들의 내국인과 외국인 성별 비중

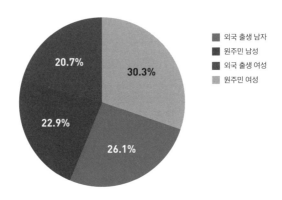

출처: Oxford Economics

한 트럼프 정권 4년의 예측은 다음과 같이 정리할 수 있습니다.

초기 1~2년은 전통 에너지 산업 부활, 전쟁 종료, 감세, 성장기업 지원 등으로 경기가 상당히 개선될 가능성이 있습니다. 하지만 2년 이후 후기로 가면서 관세 정책에 의한 비용 상승 및 이민자 추방에 따른 임금 상승 등이 경기를 약화시킬 가능성이 큽니다. 트럼프 대통령 후기에는 여론이 상당히 악화될 것으로 보이며, 이에 트럼프 대통령도 일정 수준의 정책들을 수정하면서 본인의 명예로운 퇴진의 그림을 그릴 가능성이 큽니다.

이 책의 시작부터 지금에 이르기까지, 우리는 트럼프가 추구하는 정책이 어떤 철학에 기인하고 있는지 알아보고 트럼프 1.0 시기의 행적과 앞으로 트럼프가 실행할 정책들, 그리고 그에 따른 미국과 세계 경제의 변화를 예측해 보았습니다. 이제 마지막 장인 9장을 통해 다가올 세계 정세의 변화 속에서 대한민국이 어떤 길을 택해야 국가와 기업, 개인이 승리할 수 있을지 그 방법에 대해 탐구해 보겠습니다.

TRUMP

9장

PANIC

트럼프 시대,
한국이 가야 할 길

트럼프의 귀환은 과연 한국에 어떤 영향을 미칠 것인가? 많은 사람이 트럼프를 호전적이고 감정적으로 정책을 발표하는 예측 불가능한 사람이라고 생각한다. 트럼프 2.0 시기 한국 경제에 대한 우려가 쏟아지는 이유다. 그러나 지금까지 살펴보았듯 알고 보면 트럼프는 추진하는 정책과 모든 발언에 있어 상당히 '일관된 양상'을 보여주고 있다. 이를 잘 활용한다면 트럼프 시대는 위기가 아니라 오히려 기회가 될 것이다. 이번 장에서는 관세 정책의 국가별 시차로 생길 새로운 기회, 한국의 주요 산업인 반도체 산업이 가야 할 길, 그리고 트럼프 2.0 시대 새로운 기회의 장이 될 바이오 산업까지 살펴보며 트럼프 패닉에서 빠져나와 한국이 '트럼프를 이기는 법'을 제시하고자 한다.

관세 부과의
시차로 생길
수출 기회

트럼프는 전 세계 국가에 범용적으로 10% 관세를 부과하고, 중국에게는 60%의 관세를 부과하겠다고 예고했습니다. 트럼프의 관세 정책은 전 세계 수출 산업에 막대한 피해를 미칠 것입니다. 관세를 부과 받은 국가들의 직접수출이 감소하고 경기가 나빠지면, 이 국가에수출하는 다른 국가들도 연쇄적으로 어려워질 수 있습니다. 즉 한국에게 관세가 부과되면 한국의 수출이 직접적으로 감소할 것이고, 나아가 중국이 관세를 부과받으면 중국의 수출 경기가 악화되므로 한국의 대중국 수출 금액도 축소될 수 있습니다. 결국 세계적으로 교역이 감소하고 상호 간의 수출이 제한되는 현상이 나타날 것입니다.

관세를 통해 수입을 통제하는 미국의 방식은 과거 영국의 스털링 블록Sterling Bloc에서 시행되었던 정책과 매우 유사합니다. 영국은 경제공황이던 1931년을 전후로 대영제국 식민지 기반으로 파운드 사용을 통한 경제 안정을 꾀하는 '스털링 블록'을 구축했습니다.

> 블록: 일반적으로 '경제권(Economic Block)'을 의미한다. 교역 관계를 맺고 자유무역협정이나 금융 협정을 통해 일정한 관계를 유지하는 경제권역이다. 최근에는 경제적 유대가 있는 권역의 의미를 넘어 서로 이념과 체제를 함께 하는 국가들끼리 연합하여 블록을 형성하고 있다.

스털링 블록은 기준을 충족한 경우에 가입할 수 있었는데 영국과 이전부터 외교적·정치적 관계를 맺었거나, 영국에 필요한 상품을 이미 수출해 왔던 국가들 위주로 편입되었는데 덴마크, 이집트, 에스토니아, 핀란드, 이란, 이라크, 라트비아, 리투아니아, 노르웨이, 포르투갈, 태국, 스웨덴 등이었습니다. 영국은 스털링 블록에 가입한 국가들을 대상으로 국가 준비금의 일정 비율을 파운드로 채울 것을 요구했습니다. 만일 기준치를 만족하지 못하면, 영국과의 교역과 런던 금융시장으로의 진출이 제한되었습니다. 또한 영국은 스털링 블록에 가입된 국가들을 대상으로 이 블록 이외의 국가와의 무역을 제한하게 됩니다.

미국은 현재 스털링 블록과 같은 일종의 '블록 경제'를 구축하기 위한 장기적 전략을 실행하기 시작한 것으로 보입니다. 세계에서 가장 큰 시장이라는 이점을 이용하여 수·출입을 인위적으로 조절하려는 것이죠. 거시적으로 보았을 때 미국 내의 블록(넓은 의미의 클러스터링)에서 모든 산업의 밸류체인(제조의 전반 과정)을 완성하고, 전체 블록 내 국가들에 대한 자본수지와 경상수지를 조절하여 하나의 '미국 무역시장'을 만들려는 것입니다. 미국은 자국에 진출하려는 국가들을 대상으로 '제조업 투자 원칙과 관세 조정'의 원칙만 사용한다면, 국가의 입장에서 필요한 상품 교역을 모두 컨트롤할 수 있습니다. 반대로 미국의 입장에서 활용도가 떨어지는 상품에 대해서는 언제든지 퇴출시킬 가능성도 상존합니다. 상품이 퇴출된다는 것은 결국 해당 국가의 미국 블록 퇴출을 의미합니다.

다만 이러한 블록 경제 내에서의 관세 인상은 지속되기 힘듭니다. 다시 말해 블록에 편입된 이후 장기간이 지나면, 필수적인 상품에 대해서는 관세를 낮춰 주는 형태로 조정될 여지가 존재합니다. 관세 부과가 결국 자국의 기업 경기까지 후퇴시키기 때문입니다. 즉 상대국 상품의 수입 관세가 높아지면 수입 물량이 적어지는 것이 일반적이지만, 상대국의 상품을 오랫동안 사용해 왔던 기업 입장에서는 당장 거래처를 바꾸거나 물건을 대체하기 힘듭니다. 거래하던 상대국 기업으로부터 계속 수입을 하게 되고, 이는 기업의 생산비용 상승을 초래합니다.

또한 미국은 관세를 부과시키는 방식과 시점에 있어서도 각 국가별로 상이한 정책을 시행할 것인데요. 예를 들어 동일한 반도체 산업이라고 하더라도 미국은 중국에 대해서는 우선적으로 관세를 부과하고, 아시아 국가에 대해서는 이후에 관세를 부과하는 형태입니다.

중국이 먼저 관세를 부과받게 되고, 한국과 일본이 다음으로 관세를 부과받게 된 경우를 상정하겠습니다. 중국이 관세를 부과받는 즉시, 중국의 대미 수출은 축소됩니다. 중국의 대미 수출이 줄어든 만큼 공백이 생기는데, 한국과 일본은 자신들의 수출로 그 공백을 채울 기회가 생길 수 있습니다. 8장에서 미국의 소비자들이 물건값이 오르면 그 물건을 사용하지 않는 게 아니라 대체품을 찾거나 더 적은 수량을 소비한다는 것을 확인한 것을 기억하면 됩니다. 물론 시간이 지나면 한국과 일본도 관세를 부과받을 것이고, 이로 인해 다소 늘어났던 수출도 감소할 것입니다.

이것은 결국 미국의 수입 수요가 완전히 사라지지 않는 이상 '중국 상품 대체 수요 → 한국과 일본 → 한국과 일본 상품 대체 수요 → 제3국 → 제3국 상품 대체 수요'의 형태로 나타날 것입니다. 다시 말해 미국의 수입 수요가 잔존하는 이상, 해당 산업을 미국 스스로 내부에서 완벽히 제조해 내기 전까지 해당 수요는 계속해서 다른 국가들을 찾아다닐 것이며, 그 국가에게 '수출의 기회'를 제공할 것입니다.

중국의
대미 수출
공백기를
잡아라

실제로 트럼프 대통령 1.0의 시기에도 이러한 현상이 나타났습니다. 관세 부과의 국가별 시행 시기의 차이로 인해 한국과 멕시코가 기회를 포착한 것입니다. 트럼프 1.0 시기, 미국은 중국에 우선적으로 관세를 부과했습니다. 이후 중국의 미국 시장 점유율은 4.12%p 하락했습니다. 하지만 일부 상품군에서 멕시코는 대미 시장 점유율이 1.63%p 상승했고, 한국의 점유율은 0.57%p 상승했습니다.

특히 전체 제조업 부문에서 한국의 대미 수출 점유율은 0.9%p 상승했고, 관세가 적용되는 상품에서는 한국의 대미 수출 점유율은 1.0%p 상승했습니다. 또한 2019년 한미자유무역협정KOR-US FTA을 재협상한 이후 미국의 한국 제조업 상품의 수입은 기존보다 15.7% 증가했습니다. 이상의 분석은 2016년 7월~2017년 12월과 최종 무역전

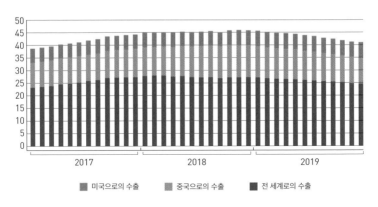

■ 2017~2019년 트럼프 대통령 1.0 시기 한국의 주요국 수출 비중

2017   2018   2019

■ 미국으로의 수출   ■ 중국으로의 수출   ■ 전 세계로의 수출

출처: Peterson Institute for International Economics

쟁 이후 18개월 기간(2018년 7월~2019년 12월)을 비교한 것으로 제조업
상품 수출의 계절성 등을 제거하여 비교한 수치입니다.

이처럼 중국에 대한 관세 부과 이후 한국이 상대적으로 수출 기회
를 획득할 수 있었던 이유는 다음과 같습니다.

우선 미국 시장의 제조업 상품 분야에서 중국과 한국은 경합을 벌
이는 품목이 상당히 많이 존재하며, 가격적인 측면에서 중국 대비 한
국 상품이 비싼 경우가 많습니다. 실제로 한국과 중국은 전체 전자제
품 중에서 78%에 상당하는 제품군에서, 전체 플라스틱과 고무 제품
중에서 77% 제품군에서, 전체 기계 제품 중에서 66%에 해당하는 상
당하는 제품군에서, 금속 제품 중에서 50% 상당하는 제품군에서 경
합을 벌이고 있습니다.

■ **2019년 기준 한국의 대미 주요 업종 수출 금액**

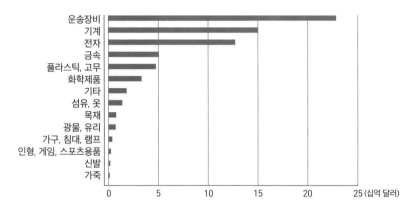

출처: Peterson Institute for International Economics

경합을 벌이는 상황이지만 한국과 중국은 제조 공정에 있어 차이가 많습니다. 즉 중국은 대체로 중간재와 자본재에서 강점을 지니고, 한국의 경우에는 상대적으로 최종재에서 강점을 지닙니다. 결국 한국 입장에서 중국의 대미 수출 감소 부분을 모두 충당할 수는 없습니다. 하지만 최종재에서 경쟁력(가격을 더 인하할 수 있는 기회 포착)을 갖추거나, 상품 공정의 전환(중간재에 대한 공급 증대)을 이룰 경우, 한국은 미국의 관세전쟁에서 살아남는 기회를 잡을 수 있습니다. 과거 사례를 보면 트럼프 대통령 1.0 시기 한국이 뚜렷하게 경쟁력을 가졌던 목재 제품, 섬유 및 의류, 기계 등에서는 최소 2% 이상의 수출 증가를 이룬 바 있습니다.

미국이 중국에 대한 관세를 인상하는 경우, 일부 상품군에서 수입 수요가 없어지는 경우도 존재합니다. 미국 내에서 생산되는 제품으로 충당할 수 있거나, 소비자가 아예 소비를 포기하는 경우이지요. 하지만 대부분 시간이 지나면 해당 상품군에 대한 수요는 되살아났고, 그러한 수요는 미국과 특혜무역협정PTA을 맺은 국가로 향하는 경향을 보였습니다. 결국 미국이 관세 정책을 시행하는 기간 동안, 다른 경합 국가의 입장에서는 역으로 수출을 늘릴 수 있는 기회가 열린다는 것입니다. 그리고 이 시기 동안 특혜무역협정을 끌어낸다면, 그 효과는 더욱 커질 수 있습니다.

이상의 내용을 종합해 보면 다음과 같은 결론을 내릴 수 있습니다. 트럼프 2.0 시기는 주요국들에 대한 관세 부과 일정이나 관세 부과 품목도 1.0 시기보다 훨씬 빠르고, 확장된 형태로 진행될 것입니다. 다른 아시아 국가의 경우, 대미 수출 금액의 규모가 중국에 비해서는 미약합니다. 하지만 이 때문에 중국에 고율의 관세가 부과된 이후, 다소의 시간이 지나 아시아 국가들에도 관세가 부과될 것입니다. 즉 관세 부과에는 국가별로 시차가 존재하고, 시차가 존재하는 만큼 늦게 관세를 부과받는 국가에 기회가 생길 수 있습니다. 한국도 바로 이 기회를 잡아야 합니다. 중국 제조업에 대한 높은 관세가 부과되어 중국의 대미 수출이 급감하는 기간을 잡아야 합니다.

물론 결국 추후 관세를 부과받으면 기업의 이익은 줄어들 수 있습

트럼프 패닉

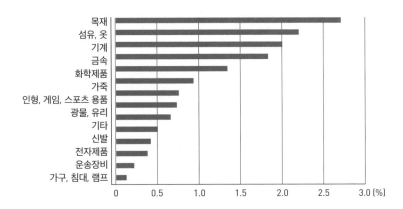

■ 2018~2019년 기준 미·중 관세전쟁으로 인한 한국의 수입 증감율

출처: Peterson Institute for International Economics

니다. 하지만 시장점유율 측면에서는 중국의 수출 비중을 대체할 만한 기회가 충분히 생길 수 있으므로, 사전적인 전략을 구축하는 게 중요합니다. 구체적으로 미국의 대중국 관세 부과 이후, 미국 시장에서 경합이 일어나는 산업에 대해 '미국 현지에서의 직접투자 확대, 미국 내 생산공장 구축, 미국 내 판매 네트워크의 개선(관세율이 적은 국가에서의 생산을 통한 우회 수출)' 등을 고려해야 합니다. 이런 기회를 통해 한국의 제조업의 대미 수출 비중을 증대시킬 기회를 포착할 수 있을 것입니다.

AI 시대에
미국은 한국을
버릴 수 없다

트럼프는 기본적으로 바이든 정부의 정책을 폐기할 가능성이 큽니다. 특징적인 분야는 바로 '반도체 산업'입니다. 바이든 정부는 아시아 반도체 동맹(미국, 한국, 일본, 대만 등)을 통해 반도체 중점 클러스터링 국가들을 선정했습니다. 이 국가들에 대해서는 반도체 보조금 지급을 약속하고, 이를 기반으로 미국 반도체 기업들에게 도움을 주도록 부품을 원활하게 공급할 공장을 건설하도록 요청했습니다. 한국, 일본 등 반도체 육성 국가들은 최근까지도 미국에 공장을 건설하면서 미국에 반도체 상품을 공급하기 위해 노력해 왔습니다.

하지만 트럼프 대통령은 '반도체 보조금'과 관련된 정책을 모두 폐기할 것을 선언했습니다. 한국, 일본, 대만 등의 반도체 기업들 입장에서는 기존에 이미 지어진 공장 혹은 신규 투자에 대한 계획에 차질이 생겼지요. 게다가 반도체 산업에 대해서도 10%라는 범용적인 관세를 부과하게 되면, 각 국가의 반도체 기업들 입장에서는 '계획된 투자의 손실과 판매에 대한 관세 부과로 손실'이라는 이중의 손실을 볼 가능성도 있습니다.

하지만 저는 이와 관련하여 한국의 기업들이 미국을 겨냥한 반도체 공장 건설 및 관련 투자를 늦춰서는 안 된다고 판단합니다. 결국 트럼프 대통령도 반도체와 관련하여 '한국 및 주요 아시아 국가가 상대적으로 유리한 관세를 받도록 조정'하면서 미국 중심의 반도체 클러스터링 육성에 집중할 것으로 판단합니다. 그 이유를 설명해 드리면 다음과 같습니다.

우선 최근 미국을 중심으로 엔비디아 AI 제품에 대한 수요가 증가하면서 대만, 한국, 중국 본토, 일본 등 아시아 주요 국가에 대한 반도체 수입 수요가 전 세계적으로 증가하는 추세입니다. 글로벌 반도체 생산 능력과 핵심 소재 공급의 75%가 아시아에 집중되어 있기 때문입니다. 특히 10나노미터 미만 칩의 경우, 아시아는 글로벌 AI 공급망에서 핵심적인 역할을 맡고 있습니다. 이는 미국 기업 입장에서도 AI와 관련한 최종 제품을 생산하기 위해 아시아 기업들과의 협업이 반드시 필요하다는 것을 시사합니다.

실제로 2024년 대만과 한국은 AI 수요 증가로 반도체 수출이 증가하는 긍정적인 영향을 받은 대표적인 국가였습니다. 2024년 1~8월까

■ 아시아 반도체 산업 밸류체인

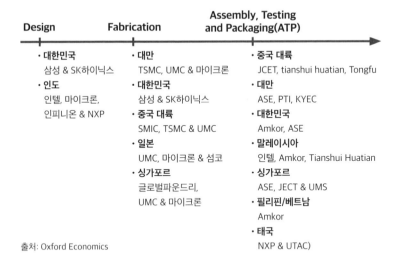

Design	Fabrication	Assembly, Testing and Packaging(ATP)
· **대한민국** 삼성 & SK하이닉스 · **인도** 인텔, 마이크론, 인피니온 & NXP	· **대만** TSMC, UMC & 마이크론 · **대한민국** 삼성 & SK하이닉스 · **중국 대륙** SMIC, TSMC & UMC · **일본** UMC, 마이크론 & 섬코 · **싱가포르** 글로벌파운드리, UMC & 마이크론	· **중국 대륙** JCET, tianshui huatian, Tongfu · **대만** ASE, PTI, KYEC · **대한민국** Amkor, ASE · **말레이시아** 인텔, Amkor, Tianshui Huatian · **싱가포르** ASE, JECT & UMS · **필리핀/베트남** Amkor · **태국** NXP & UTAC)

출처: Oxford Economics

지의 ICT(전기전자기술) 제품의 수출 증가율 측면에서 대만은 전년 대비 18.0%, 한국은 전년 대비 38.9% 증가했습니다. 특히 10나노미터 미만 칩의 경우, 고급 AI 기능을 실행하는 데 필수적인 부품인데 이 부품군의 경우 대만과 한국 등에 생산 역량이 집중되어 있습니다.

이외에도 반도체 관련 아시아 국가들이 조립, 테스트, 패키징ATP 등 대부분의 부문에서 높은 기술력을 보유하고 있습니다. 특히 반도체 패키징 부문에서는 미국의 중국 수입 의존도 낮추기 전략이 강화되면서 말레이시아, 베트남, 필리핀 등지의 생산(패키징) 공장에 의존하는 정도가 높아지고 있습니다. 참고로 현재 글로벌 ATP 공장 시설의 약 90%가 아시아에 있습니다.

생산 단계 (가치가슬 비중 %)	미국	EU	일본	한국	대만	중국 본토	기타
EDA 및 핵심 IP(3%)	68	25	1	0	3	0	3
로직(30%)	65	9	4	3	11	5	4
DAO(17%)	41	17	18	4	5	9	6
메모리(9%)	25	1	7	60	4	3	1
제조 장비(12%)	47	18	28	3	0	3	2
소재(5%)	9	6	12	18	28	18	10
웨이퍼 제작(19%)	10	8	17	17	18	24	7
조립 및 테스트(6%)	3	3	6	9	28	30	20
종합	38	11	12	12	11	11	5

출처: Oxford Economics

그리고 트럼프 대통령이 아시아 국가들의 반도체 수출에 대해 범용적으로 관세를 부과하더라도 이를 회피할 수 있는 다양한 방편도 존재합니다. 예를 들어 대만의 TSMC의 생산 기지는 대부분 해외에 있습니다. 때문에 TSMC가 해외에 주문을 주는 경우(2023년 대만의 반도체 기업 주문의 46.8%가 아시아권 내에서 생산)에는 충분히 아시아 국가들 내에서 관세를 회피하여 생산, 수출을 이행할 수 있습니다. 상대적으로 관세가 낮은 지역을 경유해서 말이죠.

만약 트럼프 행정부가 AI와 관련한 생산과 기술에 대한 오너십 추진의 속도를 늦춘다면 아시아의 반도체 산업도 큰 타격을 받을 것입니다. 그러나 트럼프 1.0 시기 발표된 '국가안보전략' 문건만 보더라도 미국 내에서의 AI 산업에 대한 최종적인 과업 달성 목표는 상당히 원대함을 확인할 수 있습니다. 즉 트럼프 대통령 2.0 시기에도 미국 정부는 AI의 생산 확대와 독점적 기술력 확보에 상당한 노력을 기울일 것입니다. 이를 위해 부품에 있어 많이 의존하고 있는 아시아권을 적극 활용할 것으로 판단됩니다. 이러한 미국의 AI 육성 전략이 지속될 경우 예측할 수 있는 시나리오는 다음과 같습니다.

최초에는 한국의 반도체 산업도 10%의 범용적인 관세를 부과받을 것입니다. 하지만 지속적인 투자와 미국 현지 생산을 지속하면서 미국 AI 기업에 충분한 기여를 한다면 상황은 변할 수 있습니다. 즉 미국의 입장에서 AI 클러스터링에 충분히 기여하는 국가에 대해서는 관세율을 하향시킬 여지가 있습니다.

AI 관련 다양한 제품군(칩)에서 미국의 대만에 대한 수입 수요는 지속될 것입니다. 이 경우 대만 반도체 기업에 대한 수출의 경로를 확장하면 충분한 수출 기회를 획득할 수 있습니다. 참고로 통상적으로 대만의 반도체 수출은 아시아 전반의 반도체 수출보다 3~4개월 앞서며 선행하는 경향이 있습니다.

한국 반도체 기업의 입장에서 반도체 기술 역량(HBM 관련)을 제고해 나가면, 미국이 기업별 관세를 재조정할 여지가 있습니다. 한국 반도체 기업이 미국에 공장 설립 투자를 지속하면서 상대적으로 인하된 관세나 혹은 일부 보조금을 수혜받는 것을 바탕으로 수출을 늘릴 기회가 있습니다.

트럼프 대통령은 일단 반도체에 대해서도 강경한 입장을 취할 것

입니다. 그러나 산업의 상황상 트럼프도 결국 변화된 태도를 보여줄 것입니다. 지난 10년간 진행되어 온 ICT 관련 산업군의 사이클은 다음과 같은 경향을 보였습니다. 스마트폰, 노트북, 게임 콘솔 등 전자기기 및 데이터 센터 증설 등의 확장 주기는 통상 1년 6개월~2년 정도 지속됩니다. 하지만 이후 재고가 누적되면서 상대적으로 반도체 상품의 가격이 하락하고, 사이클도 둔화됩니다. 본래는 이러한 상승 후 하락이라는 사이클이 장기화하는 경향(일반적인 매크로 경기와 반도체 경기에 모두 영향을 받으므로)이 있었습니다. 하지만 최근에는 하락 주기가 짧아지는데, 이는 신기술 개발의 수요가 꾸준히 업데이트되기 때문입니다. 재고가 쌓이면서 둔화 사이클이 시작되지만, 또 다른 AI

신기술 수요로 예상보다 재고가 빠르게 소진되는 것이죠.

이러한 AI 기반의 새로운 반도체 사이클, 그리고 ICT 관련 제품에 대한 수요 확대 가능성 등을 고려하면, 2025년 이후 글로벌 전자 제품량은 증가해 나갈 가능성이 큽니다. 특히 옥스퍼드 이코노믹스의 예측에 따르면, 2025년 메모리 칩 판매량은 전년 대비 25.2%가량 급증할 것으로 예상됩니다. 또한 광범위한 AI 도입을 위한 글로벌 경쟁으로 반도체의 기술 주기가 확대될 수 있습니다. 즉 반도체 경기의 확장 주기가 길어질 수 있다는 것이죠. 실제로 최근 미국 전국 조사에 따르면 미국에서 개인용 컴퓨터와 스마트폰에서의 AI 도입으로 인해 관련 ICT 상품의 소비량이 이전보다 증가하는 것으로 조사된 바 있습니다. 결국 AI 컴퓨팅에 대한 수요, AI 칩에 대한 수요는 2030년까지 꾸준히 증가할 것입니다.

이상의 내용을 바탕으로 반도체 산업에서 한국이 취해야 할 전략과 흐름을 정리하면 다음과 같습니다.

첫째, 최초에 한국의 반도체 산업도 범용적인 관세 혹은 그 이상의 수준을 부과받을 가능성이 크고, 반도체 투자에 대한 보조금도 대폭 수정될 가능성이 있습니다. 하지만 미국 정부 입장에서는 미국 AI 클러스터링에서의 기여 국가에 대해서는 혜택을 제공할 가능성이 상존하는 바, 미국 반도체 산업에 대한 투자는 지속되어야 합니다.

둘째, AI와 관련한 다양한 상품군에서 미국의 수입 수요는 지속될

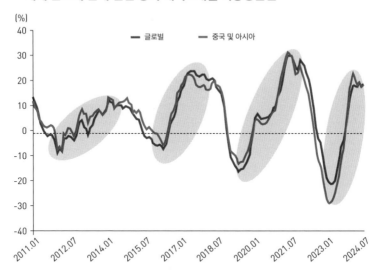

출처: Oxford Economics

것입니다. 다양한 경로를 통한 반도체 기업의 수출 경로가 확장될 수 있기에 우회 수출을 포함하여 직·간접적인 수출 경로에 대해 적극적으로 검토해야 합니다.

셋째, 한국 반도체 기업의 입장에서도 반도체 기술 역량(HBM 관련)을 제고해 나가면, 미국이 기업별 관세를 재조정할 여지가 있습니다. 한국 반도체 산업도 미국의 관세 초기 부과 시기에는 어려움을 겪을 것입니다. 하지만 미국의 또 다른 반도체 동맹(바이든 정부 때와 명칭과 정의는 변화될 것입니다)에 충분한 기여를 하면서 반도체 경기도 안정화될 가능성이 클 것으로 판단할 수 있습니다.

한국 바이오 산업,
대박날 수 있다

04

트럼프 2.0 시기 주목할 만한 산업으로는 바이오, 헬스케어, 제약 위탁생산 업체를 들 수 있습니다. SCSPThe Special Competitive Studies Project(미국 기술과 안전에 대한 싱크탱크 연구소)에서 2024년 발간된 '생명공학 분야에서 미국의 리더십을 위한 국가 행동 계획National Action Plan for U.S. Leadership Biotechnology'을 살펴보면, 미국의 바이오 기술 산업에 대한 전체적인 국정 기조를 알 수 있습니다. 주요 내용은 다음과 같습니다.

- **바이오 산업에 대한 국가 전략 가치관:** AI와 마찬가지로 생명공학은 기술 역사에서 범용적 도약을 주도할 것이다. 적절하게 활용되면 생명공학은 범용적 도약을 이룰 것이다. 국제 경쟁의 맥락에서 2030년을 내다보면, 이 범용 기술에서 정부의 리더십에만 의존할 수 없다. 정부의 관리하에 공공-

민간 협력, 그리고 우리의 미래에 대한 전략적 노력이 필요하다.

- **바이오 플랫폼에 대한 강조:** 생명공학 인프라는 다른 분야의 인프라와 마찬가지로 매우 중요한 국가적 기간 산업이다. 미국 정부의 바이오 산업 관련 이니셔티브는 기초적인 생명공학 연구개발을 발전시키고 새로운 생명공학 역량과 응용 프로그램을 개발하는 데 도움이 되고 있다. 생명공학 및 생물 제조에 대한 데이터를 수집하고, 실험을 복제하고, 도구를 연결하고, AI를 적용하고, 재료에서 연료, 의약품에 이르기까지 모든 것을 빠르게 제조할 수 있는 플랫폼 기술은 매우 중요하다.

- **동맹국과의 협력 필요성 및 중국에 대한 견제:** 미국과 동맹국은 경쟁자보다 '더 빨리 달릴' 수 있는 경쟁 우위를 보유하고 있다. 적절한 인센티브, 민간 부문 경쟁의 경쟁 우위, 융합 기술의 리더십, 네트워크 운영을 통해 미국(그리고 더 광범위하게는 민주주의 국가)은 '더 빨리 달리는' 전략을 사용할 수 있다. '더 빠르게 실행'하려면 상식적 보호 장치가 필요하다. 많은 생명공학 발전이 글로벌 공공재가 되어야 하지만, 특정 국가 안보 '코너 케이스'에는 우리의 발전과 경쟁자의 발전 사이에 간극이 필요하며 우리 국민을 생물학적 공격 및 사고로부터 보호하는 보안 프로토콜도 필요하다.

- **생물학적 정보 수집의 중요성 강조:** 2027년까지 미국 전체의 생물다양성(예컨대 모든 진핵생물과 원핵생물)을 확보하고, 2030년까지 전 세계의

생물다양성을 위한 오픈소스 유전자 라이브러리를 구축해야 한다. 이 오픈 소스 생태계는 자연을 생물 제조를 위한 코드 기반으로 전환하고, 생물 데 이터 사용을 둘러싼 규범과 가치 및 기술 표준을 형성하는 데 도움이 되며, 생물학적 위협 및 전염병 감시를 위한 '허리케인 예보'와 같은 기능을 제공 할 것이다.

- **정부-민간의 이니셔티브 및 보조금 필요성 강조:** 2028년까지 '측정, 모델 링 및 제작'을 위한 근본적인 R&D 혁신을 달성하는 데 집중하여 국립 연 구소의 고성능 컴퓨팅(HPC) 클러스터와 모델링 및 시뮬레이션(MODSIM) 및 인지 시뮬레이션(COGSIM) 기능을 활용할 수 있을 것이다. 민간 부문의 참여를 장려하기 위해, 생물 제조 이니셔티브를 출범한다. 구체적인 목표 로 국가적 의약품 생물 제조 이니셔티브를 통해 번영하는 생물 경제에 필 요한 규모를 확보하는 것을 설정한다. 구체적인 방법으로는 미국 필수 의 약품 목록에 있는 의약품의 국내 제조 용량을 확장하기 위해 계약 제조기 관(CMO)과 협력하는 스타트업의 비용을 상쇄하기 위해 정부 보조금을 제 공한다. 또한 회사가 개조 및 신규 국내 생물 제조 용량을 구축할 수 있도 록 정부 대출, 보조금 및 기타 인센티브를 제공한다.

- **국가 간 협력 방편에 대한 구체적 방향성 제시:** 미국의 동맹국, 파트너 국 가에 대학 '우수 센터' 네트워크를 구축하여 기초 과학을 발전시키고, 합성 생물학과 응용 유전체학의 경계를 넓히기 위한 최첨단 툴과 기술을 개발한

다. 또한 동맹, 파트너 국가가 정부 전략 및 정책 프로세스에 참여하도록 돕는다. 공공-민간 파트너십과 기존 지역 혁신 생태계를 활용하여 미국의 '러스트 벨트'를 갱신하기 위한 '바이오 벨트(Biobelt)'와 같은 생물 제조를 위한 국가 산업 기반을 구축한다.

- **게놈 데이터를 전략적 자원으로 취급:** 영국의 바이오뱅크와 같은 성공적인 노력에서 영감을 얻어 정책 입안자는 현재 분산된 미국의 데이터 생태계를 더 큰 전략적 리소스로 전환해야 한다. 미국은 인간, 동물, 식물 게놈에 대해 동맹 및 파트너와 협력하여 정부 및 민간 부문에서 개방적이고 독점적인 데이터 세트를 수집하여 잘 정리해야 한다. 이를 바탕으로 연구자가 액세스하여 사용하기 쉽고, 인간 유전 데이터에 대한 중앙 바이오뱅크를 만들어야 한다. 이 바이오뱅크는 생명공학 혁신을 촉진하고, AI 기반 분석을 용이하게 하며, 중국 기업에 대한 의존도를 줄이는 데 도움이 될 것이다.

- **국가들 간의 바이오 제조 연합 구축:** 미국은 세계 보건과 같은 세계 공공재에 대한 공동 목표를 추진하는 국가와, 의미 있는 협력을 추구한다. 미국은 과정과 결과 모두에서 민주적 가치에 맞춰 이러한 공공재를 추구하는 것의 중요성을 무시하지 않을 것이라고 강조해야 한다.

물론 미국의 바이오 산업에 대한 이 정책 문서는 바이든 정부 시절 보고된 것입니다. 하지만 이러한 기조는 트럼프 행정부에서도 지속될 수밖에 없는 매우 중대한 사안입니다. 왜냐하면 AI 분야의 경우 미국이 중국을 통제하는 전략을 사용하여 범용적인 제재와 수출 금지를 시행하고 있습니다. 하지만 바이오 산업의 경우 최근까지도 미국의 '빅파마Big Pharma' 기업들이 여전히 중국에 상당 부분 의존하거나 협업을 해왔기 때문입니다.

이런 관점에서 기술 산업의 탈중국화를 위해서는 이 보고서에서 확인할 수 있는 바이오 산업에 대한 미국의 전략은 보다 강화되고 심화될 수밖에 없습니다. 미국 하원에서 미·중 전략경쟁특별위원회 위원장을 맡고 있는 마이크 갤러거 공화당 의원도 "생명공학 분야에서 새로운 단속을 이행하고자 노력하고 기술 표준을 수립하기 위한 도덕적, 윤리적 전투가 필요하다"라고 언급한 바 있습니다.

이 철학은 당파에 관계 없이, 미국 내에 상당한 수준으로 자리 잡고 있는 '바이오 산업에 대한 철학'입니다. 즉 대부분의 입법자와 전문가는 DNA를 조작하고, 개인을 감시하고 식별하며, 첨단 소재와 화학 제조를 강화하는 등의 생명공학이 '국가적 무기'가 될 수 있다고 언급하고 있습니다. 실제로 중국의 시진핑도 '생물학적 거대분자 및 유전학'을 강조하면서, 주요 생명공학 기업들이 '당-군-국가'라는 관계 구축에 있어 중요한 역할을 해야 한다고 언급한 바 있습니다.

미국과 중국 모두 향후 국가적 핵심 산업으로 바이오 산업을 주목하고 있고, 이에 트럼프 대통령 2.0 시기에도 바이오 산업에 대한 '보호 및 육성' 전략은 보다 강화될 것으로 보입니다. **이러한 정책의 일환으로 이미 미국에서는 상무부DOC 산하 산업안보국BIS이 이 부문에 대한 상당한 조사와 감시 활동을 이어 왔습니다.** 즉 산업안보국은 중국 생명공학 기업 제품의 최종 용도, 특히 비윤리적인 생체 인식 감시 및 군사 프로그램과의 연구 연계와 관련된 제품을 면밀히 조사해 왔습니다. 이 과정에서 중국 생명공학 기업 및 기관 중에서 2021년 12월에는 34개, 2022년 2월에는 33개, 2023년에는 3월 28개 등이 위험한 곳으로 보고되었습니다.

특히 중국의 대표적인 생명공학 및 제약 회사인 BGI 그룹과 우시앱텍WuXi AppTec의 활동도 조사했는데 BGI에 대해서는 인민해방군과의 파트너십을 지적했고, 우시앱텍의 경우 미국 고객 데이터를 동의 없이 전송한 혐의를 지적했습니다. 미국의 재무부 역시 중국 기업들이 불법 의약품 거래에 연루된 사항을 적발하고, 이를 바탕으로 제재를 가하고 있습니다.

이 같은 미국의 중국 바이오 기업들의 불법적 활동에 대한 감시는 초당적으로 이루어지고 있습니다. 지난 2024년 2월 마르코 안토니오 루비오 공화당 의원은 상원 정보위원회 위원장인 민주당의 마크 워너와 팀을 이뤄 국무부와 농무부USDT가 미국 내 중국 생명공학의 영향력을 무력화하는 법안을 제안한 바 있습니다. 또한 공화당 갤러거 위원, 민주당인 중국 공산당 선발위원회 위원인 라자, 민주당 크리슈나무티는 BGI 그룹과 우시앱텍을 포함한 '외국의 적대적 생명공학 기업'이 미국 연방 계약 및 정부 기술 조달에서 제외되도록 하는 '생물보안법Biosecure Act'을 제안한 바 있습니다.

생물보안법Biosecure Act: 미국 하원에서 발의된 법안으로, 의회가 선정한 중국의 위험한 바이오 기업과의 거래를 제안하는 법이다. 현재 리스트에 오른 기업으로는 베이징 유전체 연구소(BGI), 우시앱텍, MGI, 우시 바이오로직스, 컴플리트 지노믹스 등이 있다.

한편 2024년 3월 이후 미국 내 23개의 생명공학 기업이 연례 보고서에서 우시앱텍에 대한 의존도에 우려를 표명했으며, 최소 5곳이 대체할 제조 파트너를 찾을 것이라고 언급했습니다. 또한 중국 내 많은 기술 투자 금융기관도 최근에는 중국 기술 스타트업의 지분 매각을 진행 중입니다.

중국 바이오 기업을 제한하고 차단하는 일은 민간으로까지 확대되고 있습니다. 실제로 미국의 생명공학 기업 써모피셔사이언티픽Thermo Fisher Scientific은 티베트에서 DNA 채취 키트 판매를 중단할 것이라고 발표했습니다. 중국의 티베트, 신장 위구르 지역에서의 인권 탄압을 문제시 한 것이죠.

학계에서도 중국 바이오 기업을 배제하려는 움직임이 가속화되고 있습니다. 2023년 3월 프랑스 파스퇴르연구소는 베이징에 있는 중국과학원Chinese Academy of Sciences과의 파트너십을 종료하고, 상하이에서의 연구도 중단했습니다. 2024년 2월에는 〈분자 유전학 및 게놈 의학 Molecular Genetics and Genomic Medicine〉저널에서 중국에서 발표한 18편가량의 유전학 논문의 게재를 철회하겠다고 했습니다. 또한 미·중 과학기술 협정U.S.-China Science and Technology Agreement의 갱신도 지연되면서 유전자 염기서열 분석 및 전염병에 대한 국가 간 파트너십은 유명무실해졌습니다.

앞으로도 미국은 생물보안법을 바탕으로 중국의 생명공학 부문에 대한 제한과 차단을 가속화할 것입니다. 크리슈나무티 의원은 갤러거 의원의 부재 속에서도 초당적인 지지를 받으며 생물보안법 추진에 매진하고 있습니다. 이 법안은 최종적으로 의회 통과 후 대통령 사인을 받아야 하지만, 사실상 법안의 통과와는 무관하게 미국 내에서 중국 바이오 기업에 대한 차단 기류가 확대되고 있다는 것을 중요하게 생각해야 합니다.

문제는 중국에 대한 의존도입니다. 미국의 바이오 업계와 과학계 전문가들은 여전히 미국의 높은 중국 의존도를 벗어나지 못하는 점에 우려를 표합니다. 실제 중국은 미국 시장에 원료의약품을 가장 많이 수출하는 국가입니다. 〈뉴욕타임스〉의 보도에 따르면 우시앱텍과 같은 기업이 미국 공급망에서 제외되면 청력, 낭포성 섬유증 및 백혈병 등의 치료제 개발에 차질이 생길 것이라고 합니다.

이에 미국은 민간과 공공이 합심하여, 중국을 대체할 수 있는 국가와 파트너 기업을 물색하는 데 주력하고 있는데요. 바로 이 파트너 국가로 일본과 한국이 주요 대상국으로 언급되고 있습니다. 미국과 중국의 경쟁이 지속될 것이 자명한 가운데, 미국과의 생명공학 및 과학 분야 협력이라는 '남아 있는 기회'는 전 세계적으로 광범위한 영향을 미칠 가능성이 큽니다. 나아가 미국에서 중국 바이오 기업에 대한 통제가 강화되는 가운데, 글로벌 바이오 빅파마들의 주요 약물들의 특허도 2030년 이내에 상당수 만료될 예정입니다.

- Genentech PERJETA(HER2-positive Breast Cancer, 마지막 특허 기준 2025년 6월)
- Janssen Pharmaceuticals STELARA(Plaque Psoriasis and Psoriatic Arthritis, 2025년 9월),
- GlaxoSmithKline BENLYSTA(Systemic Lupus Erythematosus, 2025년 3월)
- ImClone Systems Inc. CYRAMZA(Solid Tumors, 2026년 1월)
- Protalix and Pfizer ELELYSO(2025년 10월)
- Eli Lilly and Company TRULICITY(Diabetes, 2027년 12월)

상당한 수의 기술 특허가 만료되는 가운데 글로벌 빅파마들은 당면한 도전적 과제를 뽑았습니다(The Pulse 2024 Global R&D insights in pharmaceuticals, 150여 개 기업 대상 설문). 빅파마들은 다음 10년간 해결해

■ 미국, 유럽 등의 헬스케어 빅파마

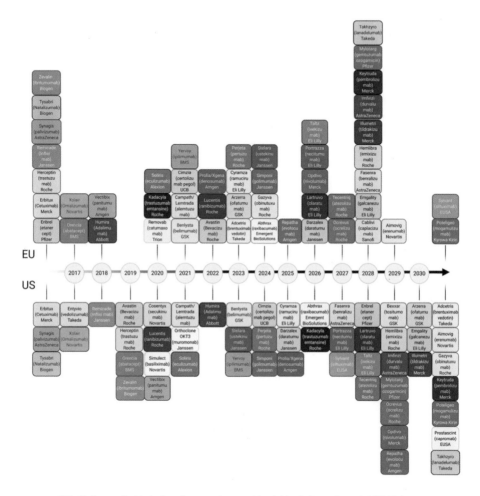

출처: Challenges for biosimilars: focus on rheumatoid arthritis, Grahame-Dunn & Ali K. Yetisen. et. al(2020)

야 할 과제로 임상에 필요한 비용의 증가, 특허 만료, 임상 시험의 복잡성 증가(성공 확률 저하), 자산 가치의 확장 등을 꼽았습니다. 결국 빅파마들 입장에서도 새로운 임상을 시행함으로써 감당해야 할 위험보다는 기존의 효율성 높은 기술을 수입하는 전략이 효율적이란 사실을 반증합니다. 대부분의 기업이 높은 비율(39%)로 특허 만료를 우려하는 상황에서 빅파마들이 전 세계 다른 기업들을 통해 신기술을 수입하려는 수요가 증가할 것이란 걸 시사합니다.

실제로 빅파마들은 2024년 상당한 수와 규모로 기업 M&A(기술 확보)를 시행했습니다. 주요한 M&A 사례로는 심혈관 의료기기 회사인 쇼크웨이브메디컬(4월 5일 존슨앤존슨이 131억 달러에 인수), 면역치료제 개발 업체인 알파인이뮨사이언스(4월 10일 버텍스파마슈티컬스가 49억 달

■ 헬스케어 빅파마의 5가지 도전

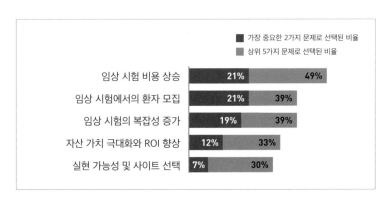

출처: The Pulse 2024 Global R&D insights in pharmaceuticals

러에 인수), 면역치료제 개발사인 시마베이테라퓨틱스(3월 22일 길리어드사이언스가 43억 달러에 인수), 비만 치료제 개발사인 카못테라퓨틱스(1월 29일 로슈가 33억 달러에 인수), 생명공학 회사인 모픽테라퓨틱(7월 8일 일라이릴 리가 32억 달러에 인수), 종양학 치료제 회사인 암브렉스(1월 8일 존슨앤존슨이 24억 달러에 인수), 바이오로직스 개발사 인히브르스(1월 23일 사노피가 22억 달러에 인수) 등이 있습니다.

주요 빅파마들의 2024년 M&A 상위 20건의 총금액만 합쳐도 550억 달러, 우리 돈으로 약 77조 원에 달합니다. 이러한 M&A 이외에도 바이오 업계에서는 활발한 기술 수출과 수입이 지속되고 있으며, 2025년 이후에도 기술 중심의 기업 간 거래는 확대될 것으로 예상됩니다. 당연히 이와 같은 바이오 기업들 사이의 M&A와 기술 수출과 수입은 한국의 플랫폼 바이오 기업으로도 연결될 것으로 판단됩니다. 구체적으로 기회를 잡을 수 있을 사항들을 정리하면 다음가 같습니다.

① 세포치료제: CAR-T 세포와 관련된 염증성 사이토카인 방출 증후군 등 부작용 문제로 연구자들이 환자의 세포를 활용하고 수정하는 새로운 방법을 연구
② 차세대 유전자 치료제: DNA와 RNA를 편집하고 조절해 유전질환에 탁월한 치료 효과를 제공)
③ 정밀의학: 유전자, 환경 및 생활방식의 개인적 다양성을 고려한 치료의 효

과를 극대화하는 접근방식

④ 머신러닝 기반 약물 발견: 분자 행동을 예측하는 컴퓨터 모델링 시뮬레이션을 통해 효과적인 약물 설계 및 최적화

⑤ 약물 투여가 불가능한 표적 타깃 기술: 이전에 알려지지 않은 결합 부위식별, 질병 유발 단백질의 분해, 새로운 질병 표적 개발로 약물치료가 불가능한 표적 및 질병 해결을 위한 새로운 플랫폼

⑥ 새로운 약물 전달 방법: 새로운 벡터 캡시드 개발, 엑소좀 등의 신체의 자연신호 기반 전달 방법, 지질 조성을 최적화한 나노입자 등의 새로운 기술을 활용한 약물전달 플랫폼을 개발

■ 아웃소싱 모델, 현재 임상 개발 작업의 공유

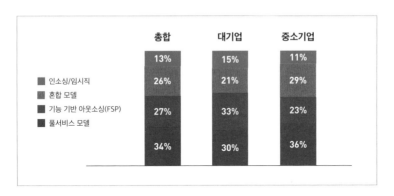

출처: The Pulse 2024 Global R&D insights in pharmaceuticals

결국, 미국 중심으로 바이오 산업계에서 확산되는 기류를 정리하면, 다음과 같은 결론을 내릴 수 있습니다.

첫째, 미국 내에서 바이오 산업과 관련한 중국 통제를 초당적으로 집중하고 있으며, 트럼프 2.0 시기에도 이러한 기조는 이어질 것입니다. 그리고 중국의 공백을 다른 국가들로 채울 가능성이 큽니다. 이러한 기류만으로도 한국의 많은 CMO(바이오 의약품 위탁생산), CDMO(바이오 의약품 위탁개발생산) 기업들 입장에서 중·장기적으로 큰 기회를 맞이할 수 있습니다.

둘째, 미국 정부는 지금까지 바이오 산업의 인프라 투자를 중요시하는 경향을 보였습니다. 여기에는 시설과 같은 물리적 인프라와 유전자, 개인 정보 등이 모두 해당됩니다. 인프라 확충을 위한 미국 정부의 보조금 지급을 강조한 바 있으며, 특히 국가 간 연합을 중요하게 생각하고 있습니다. 미국의 바이오 클러스터링에 속하게 될 경우, 한국 기업이 보조금을 수취할 가능성도 있습니다.

셋째, 미국 중심의 빅파마들의 기술들이 대거 특허 만료 시기에 도달하고 있고, 이에 많은 바이오 기술기업에 대한 M&A와 기술 수입과 수출이 가속화될 수 있습니다. 특히 바이오 플랫폼 기업들에 대한 러브콜이 지속되면서, 한국의 바이오 플랫폼 관련 기업들도 상당한 기회를 맞이할 수 있습니다.

나가며

우리는 경제, 외교, 정치에 있어 미국을 떼어 놓고 생각할 수 없는 시대를 살고 있습니다. 때문에 미국에서 불안한 징후가 나타나면 걱정을 하곤 합니다. 특히 트럼프 대통령처럼 미국만을 위하는 정책을 취하는 경우 한국인 입장에서는 큰 걱정거리일 수 있습니다. 하지만 어차피 겪어야 할 문제라면, 충분한 '지식과 현명함'을 지닌다면 문제에 당면했을 때 최선은 아니더라도 차선의 결과를 도출할 수 있을 것입니다.

트럼프 대통령은 공격적이고, 외교에 능하며, 수사학이 뛰어난 사람입니다. 하지만 여론에 민감하고, 때로는 본인이 추진했던 정책을 잊기도 합니다. 트럼프의 공격적이면서 강건한 말 자체에 집중하기보다는 그의 말에 숨어 있는 의미를 이해하고, 미국의 다음 행보를 예측하는 것이 중요합니다. 그러면 트럼프 2.0 시기가 우리에게 또 다른 기회가 될 수 있을 것입니다. 이 책에서 다룬 트럼프 2.0 시대에 대한 예측과 전략을 간략하게 정리해 보겠습니다.

- 미국의 원칙: 대의(동맹국에 대한 의리나 신뢰)는 가치가 없고, 실리적으로 미국에게 도움이 되는 방식을 선호한다.

- 미국의 상황: 중동, 유럽, 인도·태평양 지역에서의 리더십 제고 정책은 미국이 자신의 힘이 약화되고 있음을 절감한 것에서 비롯되며, 이는 미국이 다른 국가들의 연합을 가장 두려워하고 있다는 것으로 해석할 수 있다.

- 트럼프의 중동, 유럽, 인도·태평양 등지에서의 외교 정책이 매우 혼란하고 엉뚱한 것 같지만, 사실상 순서만 뒤죽박죽일뿐 '국가안보전략'과 '국방전략'에서 벗어나는 것은 거의 없다.

- 트럼프 대통령은 IRA 보조금 및 세액 공제 조건 축소(최소한으로만 유지), 반도체과학법CHIPS and Science Act에 기반한 외국 기업에 지급하는 보조금을 축소할 수 있다. 다만 'Buy America(미국산 제품 사용)' 등의 사전적 조건을 강화하고 보조금 혜택을 줄 가능성이 존재한다.

- 일본제철의 US스틸 인수 무효화 요구 및 일본에 대해 일정 수준의 미국 철

강 제품 사용을 의무화하고, 한국산 화물자동차(픽업 트럭)에 대한 25% 관세를 2040년까지 연장할 수 있다.

• 초기에는 바이오, 반도체 등에도 관세를 부과하지만, 추후에는 (특정 핵심 기술 보호를 위해) 선별적으로 관세를 조정할 것이다.

• 석탄, 화석, 천연가스 등 전통적인 에너지 산업 육성 전략을 실시함으로써, 단기적으로 미국 및 글로벌 에너지 가격 안정화를 이룰 것이다.

• 해외로 유출되는 기술통제(big yard)와 중국과의 통상관계 단절(MFN, PNTR 철회)을 선언할 것이다. 그러나 중간 가공품의 경우 원산지, 국적지 파악이 어려워 빈틈이 많을 것이다.

• 감세 이외에도 빅테크 성장기업의 규제 철폐(세액 공제, 연구개발 인센티브 등 다중 정책)를 실시하고, 미국만의 산업 육성 전략(보조금)을 지속할 것이다.

• 최초에는 한국의 반도체 산업도 범용적인 관세 혹은 그 이상의 수준을 부과받을 가능성이 크고, 반도체 투자에 대한 보조금도 대폭 수정될 가능성이 상존한다. 하지만 미국의 입장에서 미국 AI 클러스터링에 기여하는 국가에 대해서는 혜택을 제공할 가능성이 있기에, 미국 반도체 산업에 대한

투자는 지속되어야 한다.

- 미국 내에서는 초당적으로 AI 산업 이후 바이오 산업에 대한 중국 통제에 집중하고 있다. 트럼프 대통령 2.0 시기에도 미국은 중국 통제에 집중할 것이고, 중국의 공백을 다른 국가들로 채울 가능성이 크다. 이러한 미국 내 기류만으로도 한국의 CMO(바이오 의약품 위탁생산), CDMO(바이오 의약품 위탁개발생산) 기업들 입장에서 중·장기적으로 큰 기회가 도래할 수 있다.

- 트럼프 대통령 초기 1~2년은 '전통 에너지 산업 부활, 전쟁 종료, 감세, 성장기업 지원' 등으로 경기가 상당히 개선될 가능성이 있다. 하지만 후기(2년 이후)로 가면서, 관세 정책에 의한 비용 상승 및 이민자 추방에 따른 임금 상승 등이 경기를 약화시킬 가능성이 크다. 트럼프 대통령 2.0 후기에는 여론이 상당히 악화될 것으로 보이며 이에 트럼프 대통령도 일정 수준 정책들을 수정하면서 본인의 명예로운 퇴진을 추진할 가능성이 크다.

우선 트럼프 2.0 시대의 개막과 동시에 세계적으로 큰 변화가 일어날 것입니다. 전쟁이 종료되고 국제 질서가 뒤바뀌면서, 에너지 가격이 빠르게 안정화될 가능성이 큽니다. 이로 인해 미국의 금리 인하와 전 세계적 유동성 확대에 대한 기대로, 미국 중심의 금융시장 개선세가 강화될 것으로 보입니다. 물론 그 와중에도 트럼프가 빠르게 시행할 관세 정책으로 인해 여타 국가들의 주식시장과 금융시장은 큰 변동을 보일 수 있습니다.

하지만 초기 1~2년간은 그동안 바이든 정부에서 하지 못했던 '전쟁 종료와 에너지 가격 안정화'가 세계 경제에 긍정적인 영향을 끼치면서 미약하게라도 미국과 함께 전 세계 금융시장은 개선될 가능성이 큽니다. 특히 미국과의 외교, 경제 정책에서 협조적인 모습을 보여주는 국가들은 크게 주목받으며, 금융시장도 매우 빠르게 개선될 것입니다. 예를 들어 미국이 리더십과 영향력을 발휘하고 싶어 하는 인도의 경우에는 미국 기업의 추가적인 투자와 상대적으로 약한 관세를 받으면서 금융이 크게 개선될 여지가 있습니다.

초기 1~2년간 미국 중심으로 개선세를 크게 보일 산업군은 'AI와 바이오'가 될 것으로 보입니다. 중국은 해당 산업군에 있어 상대적으로 약세를 보일 것입니다. AI 산업군에서는 'AI 하드웨어, AI 소프트웨어, AI 의료' 등이 부각될 것이며, 이는 미국 기업들의 실질적인 매출 증가세 속에서 관련 기업들과 협업하는 기업들이 크게 성장하는 기회가 될 것입니다.

바이오 분야에서는 CMO, CDMO 기업들이 부각될 것으로 보이며, 이외에도 미국 빅파마들의 기술성을 확장시킬 수 있는 '바이오 플랫폼' 기업들이 크게 성장할 기회를 찾을 수 있을 것입니다. 특히 AI 의료 분야는 혁신적으로 발전할 것으로 보이며, 'AI를 이용한 수술 및 진단의 정교화, AI를 이용한 유전자 체계 정보 집적, AI를 이용한 처방 동반 진단' 등으로 기술 발전이 확대될 것으로 예상됩니다. 즉 AI

가 신약의 탐색과 질환의 진단에만 머물지 않고, 이를 이용한 정교한 수술 능력의 제고와 박파마들의 정교한 처방을 위한 필수적 수단으로 확장되는 것입니다. 결국 초기 1~2년간은 관세전쟁의 부정적인 상황 속에서도 이 성장 산업군으로는 투자금이 집중되는 현상이 가속화될 것으로 보입니다.

한편 트럼프 2.0의 후기에 접어들어서는 관세 정책에 따른 미국 내 부정적 효과 강화, 과다한 유동성 투입에 따른 인플레이션 압력, 성장 산업군들의 정체 등이 가시화되면서 금융시장도 약화되는 현상이 가속화될 것입니다. 특히 트럼프 2.0 후기에 관세 정책이 조정되지 않으면 미국 역시 스태그플레이션 현상이 확대될 것으로 보이며, 이는 시장금리 변동과 함께 글로벌 금융시장 내에서 안전자산 선호를 증대시키는 요인으로 작용할 것으로 보입니다. 물론 트럼프 대통령은 여론을 고려하여 집권 후기, 자신의 정책을 상당 부분 조정할 것으로 보입니다. 이는 트럼프 대통령의 1.0에서의 정책 흐름과 트럼프의 지향점에 근거하여 예측할 수 있습니다. 다만 이러한 시나리오는 전 세계적 상황에 따라 더 빨라지거나 늦춰질 수도 있습니다.

이와 같은 기본적인 시나리오를 염두에 두고 상황에 따라 유연하게 대응하여 어려운 환경에서도 슬기로운 판단을 하시길 기원합니다. 모쪼록 이 책을 통해 국가과 기업은 물론 대한민국 국민 한 사람

한 사람이 각자의 상황 속에서 득이 될 수 있는 현명한 선택을 하시
길 간곡히 바랍니다.

TRUMP
PANIC

트럼프 패닉

1판 1쇄 발행 2025년 1월 31일

ⓒ 유신익, 2025

지은이   유신익
펴낸곳   거인의 정원
출판등록   제2023-000080호(2023년 3월 3일)
주소   서울특별시 강남구 영동대로602, 6층 P257호
이메일   nam@giants-garden.com